HET HOTEL

HET HOTEL

Hoe start je een hotel

VT4

lannoo

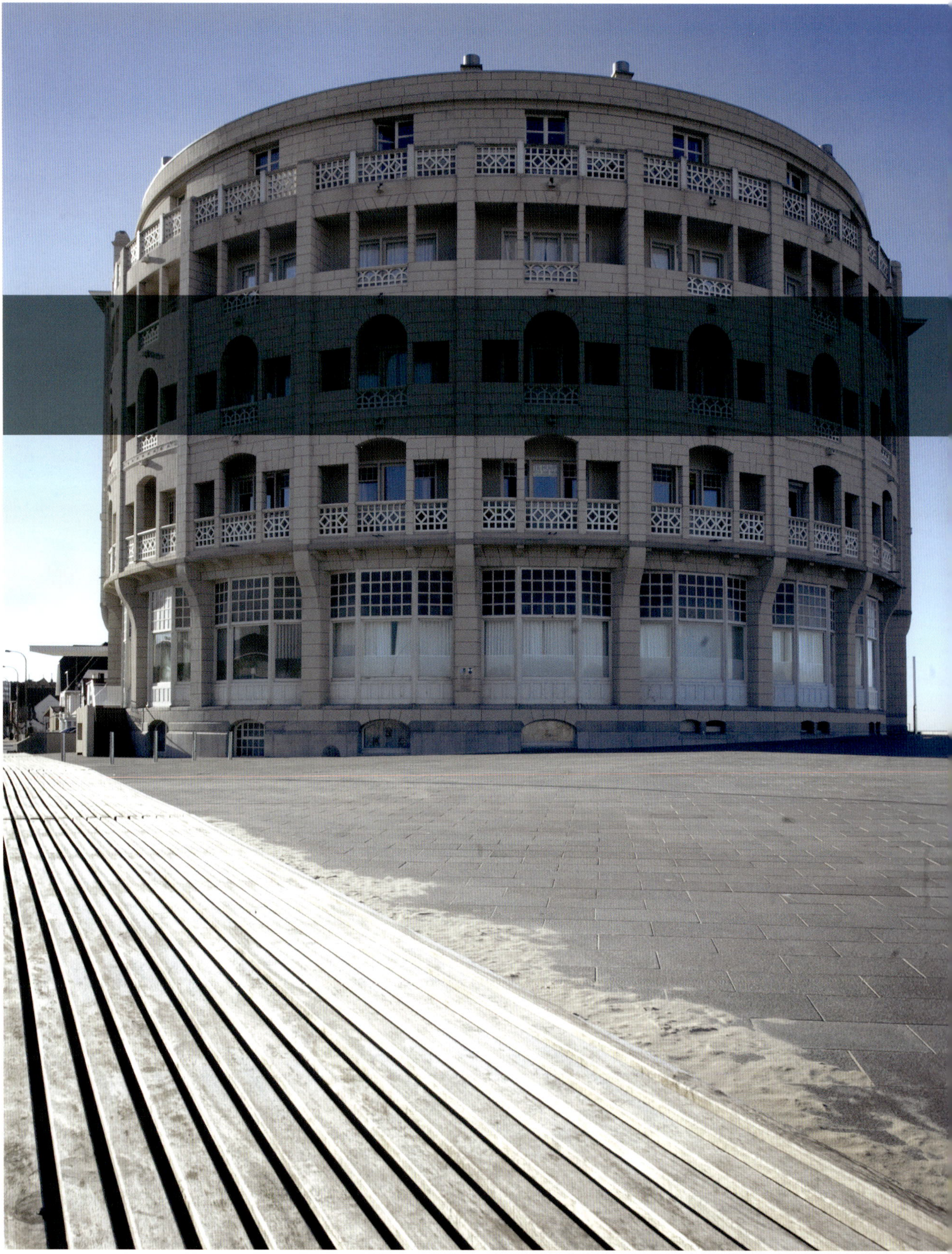

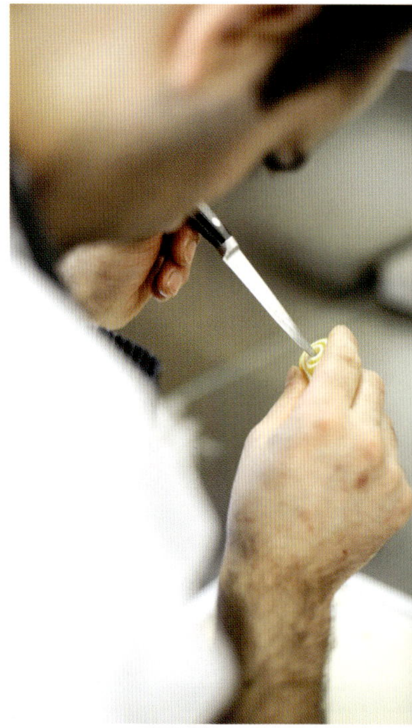

Viki is intussen een bekend televisiegezicht. Met *Keukenrebellen* leerde hij jongeren koken, in *Het Hotel* zetelt hij in de driekoppige jury. 'Ik wil geen personalityshow rond mijn persoon en mijn inbreng is minimaal. Ik ben alleen op de set op mijn vrije dagen. In de eerste plaats blijf ik de kok van 't Zilte. Viviane en ik hebben te hard aan de weg getimmerd om dat allemaal op te geven. Ik wil vooruit met wat ik in mijn restaurant doe. Mijn klanten zouden het me ook niet in dank afnemen als ik plots niet meer zelf achter het fornuis zou staan!'

'Een eigen stijl is noodzakelijk om door te groeien als chef.'

Thierry Jousse van Hotel Amigo

Als een echte Brusselaar het over 'de amigo' heeft, moet je er niet automatisch van uitgaan dat hij het chique hotel in de Amigostraat bedoelt. Vroeger heette deze straat namelijk de Vruntstraat. De Spaanse overheerser ging er verkeerdelijk van uit dat 'vrunt' voor het Vlaamse 'vriend' stond en vertaalde het naar het Spaanse 'amigo'. Toen de overheid er een groot gebouw kocht van rijke koophandelaars en het tot gevangenis omvormde, nam deze de naam van de straat over. 'Naar de amigo moeten' betekende zoveel als: de nor in vliegen.

In 1957 kocht de familie Blaton het pand en verbouwde het tot een prachtig hotel dat de gasten van de wereldtentoonstelling van 1958 een luxueus onderdak moest bieden in hartje Brussel. Hotel Amigo werd een begrip in binnen- en buitenland. Dat was ook Rocco Forte - eigenaar van de naar hem genoemde luxehotelcollectie - niet ontgaan. In 2000 kwam het Hotel Amigo in zijn handen en werd het volledig aangepast aan de hoge eisen van zijn collectie. Dat ging niet onopgemerkt voorbij, want in 2008 won het hotel de titel van 'derde beste hotel van Europa'. Met zijn unieke ligging vlak bij de Grote Markt is het hotel al jaren een toevluchtsoord voor grote persoonlijkheden van over de wereld. Hier logeerden prinsen en prinsessen, staatshoofden, wereldvermaarde acteurs en tal van grote zangers en bands. Je kunt er Nicolas Sarkozy tegen het lijf lopen, maar ook Hugh Grant, Gwen Stefani of de leden van Coldplay.

Directeur Jacques Vitu - deels Amerikaan, deels Fransman - heeft het over een legendarische plek om te verblijven en te werken. 'Gasten krijgen in Hotel Amigo de best mogelijke dienstverlening', legt hij uit. 'We anticiperen op alle noden van onze bezoekers en bieden luxe aan in al haar eenvoud. Om aan de hoge eisen van onze gasten te voldoen, heeft het hotel nood aan toegewijde en passionele werknemers. Mensen die bij Hotel Amigo werken, zijn dan ook echte talenten in hun vak.'

'Hotel Amigo is een legendarische plek om te werken en te verblijven.'

Thierry Jousse, sales- en marketingdirecteur, werd eropuit gestuurd om de kandidaten van *Het Hotel* te jureren. Het Hotel Amigo ligt hem nauw aan het hart. 'Mijn ouders brachten hier hun huwelijksnacht door. Ze vertelden er zo vaak over, dat het Hotel Amigo iets magisch voor mij kreeg. Zodra ik als jonge gast de kans kreeg, reisde ik naar Brussel om er een kijkje te nemen. Het werd mijn droom om hier ooit te mogen werken. Nu die droom werkelijkheid is, wil ik meer mensen in contact brengen met deze prachtige plaats. Hotel Amigo is bekend in bepaalde kringen, maar het grote publiek beseft niet welk pareltje er achter de Grote Markt verborgen ligt. Dit is een echt Belgisch hotel, een onderdeel van ons patrimonium, het derde beste hotel van Europa, en daar mogen we best wat trotser op zijn. Met *Het Hotel* hoop ik de Vlamingen warm te krijgen voor Hotel Amigo en hen nieuwsgierig te maken naar wat er achter deze muren gebeurt.'

Daarnaast wil Thierry de koppels op weg helpen om zelf een bijzonder hotel uit te bouwen. 'De hotelbranche is een aparte wereld en om er te werken heb je echte passie nodig. Ik wil dat proces graag begeleiden en mijn steentje bijdragen door eerlijk mijn mening te geven over wat de kandidaten doen en laten. Mijn boodschappen zullen soms hard aankomen, maar door ze vriendelijk te verpakken kunnen de kandidaten ze verteren. Zo werk ik ook met mijn team in Hotel Amigo: zeggen wat goed is en wat te verbeteren valt. De kandidaten zullen net als mijn medewerkers ondervinden dat ik de

gemakkelijkste maar ook de moeilijkste man ben om mee samen te werken. Moeilijk door mijn perfectionisme, door erop te blijven hameren dat er voor elk probleem een oplossing is, door niet te aanvaarden dat ze het opgeven. Gemakkelijk omdat ze altijd bij mij terechtkunnen voor advies. Als je het niet weet, mag je het vragen. Er zijn geen domme vragen, zolang je maar interesse toont en gemotiveerd bent!'

Bij het jureren van de kandidaten zal Thierry er uiteraard op letten dat de veiligheid van het hotel in orde is en dat de kamers en gemeenschappelijke ruimten praktisch worden ingedeeld. Hij gaat ook over de haalbaarheid van een aantal projecten, maar hij vraagt zich in de eerste plaats toch af hoe de koppels het hotel zullen managen. 'Ideeën, improvisatietalent, creativiteit en spontaneïteit, dat zijn de dingen waar ik naar op zoek ga bij de toekomstige eigenaars van De Rotonde. Ik beschouw het als een persoonlijke missie om dit bijzondere hotel aan de kandidaten te geven die er echt iets unieks van maken, nu en in de toekomst.'

Hotel Amigo

Uruntstraat 1-3
1000 Brussel
www.hotelamigo.com
www.roccofortecollection.com

Isabelle Cheyns

Isabelle Cheyns is lifestyle coördinator voor *Flair*. Het weekblad was bij de eersten in België om haar lezers allerlei hotelarragementen aan te bieden tegen sterk gereduceerde prijzen. De hotelboekjes van Flair zijn nog elk jaar een succes. 'Onze actiepockets brengen luxe binnen handbereik', vertelt Isabelle. 'Mensen willen graag een keertje overnachten in een chic hotel dat normaal ver boven hun budget ligt. Wij geven hen die kans en er wordt gretig gebruik van gemaakt. Onze lezers wachten echt op die Flair Hotelarrangementen om een weekendje te shoppen of uit te waaien in binnen- én buitenland.'

'Ik onderga wat toekomstige gasten van het hotel zullen ondergaan.'

De journaliste schreef jarenlang reisreportages waarvoor ze de wereld afreisde. Van IJsland tot Hongkong. Van New York tot Australië. Op die reizen zag ze natuurlijk heel wat hotels. 'Mijn kamer in het Sari Ater Resort in Bandung (Indonesië) deelde ik met wespen en vliegende mieren', lacht ze. 'Die wil ik liefst zo snel mogelijk uit mijn hotelgeheugen wissen! In het Ritz-Carlton in San-Francisco had ik daarentegen nog veel langer kunnen blijven. Mijn nacht als incognito jurylid in Hotel De Rotonde zal me ook lang bijblijven. We waren met drie mensen en een cameraploeg die wisten wat er gaande was. Het was plezierig om de kandidaten te observeren zonder dat zij wisten welke rol we speelden.'

Vanuit haar ervaringen als reisjournaliste weet ze bijzonder goed op welke details bezoekers letten bij het beoordelen van een hotel of een hotelkamer. Zij is het beste geplaatst om het hotel en haar medewerkers vanuit het standpunt van 'de gast' te observeren en te beoordelen. 'Viki en Thierry zijn allebei bijzonder goed in hun vak. Zij geven heel bruikbare kennis door. Ik kruip in het vel van de gewone hotelgast die misschien andere details opmerkt. Ik onderga wat toekomstige gasten van *Het Hotel* zullen ondergaan. De makers van het programma zijn tegen proeven op dieren, dus wordt alles op mij uitgetest. Ik word een soort levend en sprekend "gastentevredenheidsformulier" van *Het Hotel*.'

Westende,

In de middeleeuwen lagen Oostende, Middelkerke en Westende op Testerep (of Ter Streep), een eiland voor de Belgische kust, met Oostende en Westende respectievelijk in het oosten en het westen en Middelkerke ertussen. Het eiland was eigendom van de graaf van Vlaanderen, die het verpachtte aan de Sint-Pietersabdij van Gent. De geschiedenis van de dorpen gaat terug tot 1087, maar de badplaatsen zelf kwamen pas tot ontwikkeling aan het einde van de negentiende eeuw.

HET MONDAINE WESTENDE-BAD VAN DE BELLE ÉPOQUE

In 1888 kocht Edouard Otlet voor 35.000 frank een partij duinen uit een faillissement. Ze lagen deels op het grondgebied van Middelkerke en deels op dat van Westende. Otlet gebruikte de duinen aanvankelijk om er met zijn vrienden op duinkonijnen te jagen. De Brusselse zakenman, die actief was in de tram- en spoorwegbouw, besefte echter terdege de waarde van deze lap grond. Als partner van een van de eerste toeristische initiatieven aan de Belgische kust - het Hotel Les Bains in Oostende - zag hij dat het onontgonnen terrein ideaal was voor de uitbouw van een luxueus vakantieoord. Westende-Bad werd uitgedacht als privé-initiatief en werd een van de laatste badplaatsen van onze kust.

Vader Edouard en zoon Paul Otlet zagen het groots. Ze droomden van een ideale stad waarin architectuur en beeldende kunst centraal stonden en waar een internationaal cliënteel harmonieus zou samenwonen. Natuurlijk deden ze dat niet puur uit altruïsme. Westende-Bad moest een soort 'kijkdorp' worden waar investeerders uit binnen- en buitenland zagen waartoe hun bedrijf in staat was.

de rijke geschiedenis van een badstad

In 1894 nam Otlet een optie om Westende-Bad uit te bouwen en richtten ze de investeringsmaatschappij nv La Westendaise op. Het stuk duinen lag volledig afgezonderd van de bewoonde wereld en de aanleg van een goede ontsluitingsweg en een zeedijkwering waren noodzakelijk. Bekende architecten uit binnen- en buitenland trokken naar Westende om er de dijk vol te bouwen met prachtige villa's voor de rijke burgerij. Er werd promotie gevoerd om investeerders aan te trekken en om de gegoede klasse ervan te overtuigen een vakantieverblijf te bouwen in de nieuwe badplaats. De riante villa's waren echte zomerhuizen voor le beau monde. Koffers en huisraad werden vervoerd door de speciale goederenwagons waarmee de trams waren uitgerust. De dienstboden en gouvernantes zakten mee af naar de kust en kregen een plaatsje in de ruime huizen. Meubelhandelaars deden gouden zaken. 'Fournisseur de la Société La Westendaise' stond net zo mooi op het naamkaartje als pakweg 'hofleverancier'. De fraaiste villa's stonden op de dijk, waar druk geflaneerd werd om te zien en gezien te worden. Op foto's uit die tijd prijken gouvernantes die in lange jurken en met zwierige hoofddeksels pootjebaden met al net zo goed ingeduffelde kinderen. Zonnebaden op het strand was er in de belle époque nog niet bij.

'Het Grand Hotel Belle Vue moest een toevluchtsoord voor royalty en rijken worden.'

Al in 1898 werd duidelijk dat er behoefte was aan extra logies in Westende-Bad. Alban Chambon - architect van heel wat Westendse villa's - werd aangesproken om het Westend'Hotel te bouwen. Het dure hotel telde aanvankelijk net geen vijftig kamers, maar moest al in 1908 uitgebreid worden. De klanten kwamen uit rijke, internationale milieus, maar de bekendste gasten waren ongetwijfeld prins Albert en zijn echtgenote Elizabeth, die er in 1903 een maand verbleven.

De badplaats ontwikkelde zich de eerste twintig jaren vooral op Westends grondgebied. Het ontging de investeerder Nicolas Lembrée niet dat in het oosten, op grondgebied Middelkerke, nog een braakliggend stuk grond op een nieuwe bestemming wachtte. In 1909 nam hij architect Octave van Rysselberghe onder de arm om er een Palace Hotel te bouwen, een waardige verblijfplaats voor *royalty* en andere hooggeplaatste gasten. Van Rysselberghe tekende een architecturaal pareltje met maar liefst 225 kamers en een bijzondere ronde uitbouw, die in de volksmond al snel 'La Rotonde' werd genoemd. Het Grand Hotel Belle Vue moest de kern van een nieuw toeristisch centrum worden en bood haar gasten een privéstrand met eigen reddingsdienst, vlakbij gelegen tennisvelden, hydrotherapie avant la lettre in de kelder in de warmwaterbaden met opgepompt zeewater, prachtig aangelegde tuinen en zelfs garages met een benzinedepot voor de allereerste wagenbezitters. Het pronkstuk was een kunstcentrum met een tentoonstellingsruimte en een bioscoop. In 1911 werd de tramlijn doorgetrokken tot aan het hotel, waardoor toeristen Westende-Bad gemakkelijker konden bereiken.

De Franstalige bourgeoisie die in Westende-Bad verbleef, wou zo weinig mogelijk te maken hebben met de lokale bevolking. Op zondag eenzelfde kerk delen met ruige vissers en zeelui was niet naar hun zin. Daarom werden er plannen getekend om een eigen kerk met klooster te bouwen in Westende-Bad. De kerk kwam er niet, maar de Priorijstraat verwijst nog steeds naar het idee. Er waren wel meer pogingen van de privémaatschappijen om het mondaine vakantieoord te verzelfstandigen. Meerdere keren probeerden ze stadsrechten te verkrijgen en zo een zelfstandige gemeente te worden, een eis die door de lokale besturen van Middelkerke en Westende nooit werd ingewilligd.

In 1914 maakte de Eerste Wereldoorlog abrupt een einde aan het sprookje. De Duitse bezetter joeg de toeristen halsoverkop op de vlucht. Er was zelfs geen tijd om de schilderijen in de tentoonstellingsruimte bij het Belle Vue in veiligheid te brengen. Velen vermoedden dat de Duitse toeristen die de badplaats al lang bezochten informatie hadden doorgespeeld, waardoor de inname efficiënt en snel verliep. Tijdens de vier oorlogsjaren werd de stad volledig in puin geschoten. Van de prachtige villa's stond nadien geen steen meer overeind. Enkel de betonnen constructie van het Belle Vue Hotel had het oorlogsgeweld min of meer doorstaan.

HET HERSTEL TUSSEN DE TWEE WERELDOORLOGEN

Het Bestuur van de Dienst der Verwoeste Gewesten startte in 1919 met het ruimen van puin en het vernietigen van achtergebleven oorlogsmunitie. Met gerecupereerde

'Om het oorlogstrauma te verwerken werd teruggegrepen naar oude glorie.'

materialen werden de eerste gebouwen opgericht. In Westende opende Laiterie du Front haar deuren, een kleine horecazaak voor fronttoeristen. In 1920 begon men aan de heropbouw van de verwoeste badplaats, die vanaf 1922 langzaam haar oude vorm terugvond. De vooroorlogse eigenaars lieten in de mate van het mogelijke hun villa's heropbouwen door de oorspronkelijke bouwmeesters en aan de hand van de originele plannen. Er werd teruggegrepen naar oude glorie om het trauma van de oorlog te verwerken.

Pas in 1930 kreeg de badplaats vernieuwende impulsen op het vlak van architectuur en ontspanning. Westende-Bad ging zich nog meer profileren als een plaats waar sport centraal stond. Er kwamen extra tennisvelden en er werd een bijzonder openluchtzwembad gebouwd. In het Lac aux Dames kon je de zwemmers bezig zien door de glazen wanden. Ten slotte was er de 'Culture Physique': georganiseerde en gratis sportbeoefening op het strand voor jong en oud. Het was in Westende-Bad bovendien toegelaten om te zonnebaden op het strand, wat erg vooruitstrevend was in vergelijking met heel wat andere badplaatsen.

Het Grand Hotel Belle Vue stond nog gedeeltelijk recht en bouwmeester Octave van Rysselberghe zelf leidde de heropbouw. In 1924 opende het hotel met 174 bedden als een van de meest luxueuze en comfortabele verblijfplaatsen aan de Belgische kust. Elke kamer was uitgerust met centrale verwarming en een badkamer met warm en koud stromend water. Heel wat vorstelijke hoofden legden zich te slapen op de zachte kussens van het hotel. Dat trok de rijke burgerij aan, die graag wat meesnoepte van het

koninklijke klimaat. Een kamer in het Belle Vue was behoorlijk prijzig. Je betaalde 25 frank voor een nacht in het hoogseizoen, omgerekend naar vandaag is dat zo'n 150 euro. Toch liep de uitbating niet van een leien dakje. Luxehotels als het Belle Vue waren achterhaald door de democratisering van het toerisme. Bovendien kwam er felle concurrentie van het vernieuwde en gemoderniseerde Westend'Hotel.

Terwijl Westende-Bad een pleisterplaats bleef voor de rijke, Franstalige bourgeoisie, ontwikkelde zich net buiten de badplaats een eerder volkse toeristische cultuur. Je kon er goedkopere hotels vinden, kleine eetgelegenheden en tal van winkeltjes. Die dualiteit was duidelijk merkbaar in de strijd van de plaatselijke besturen met de beheerders van de badplaats.

DE DEMOCRATISERING VAN WESTENDE-BAD

De Tweede Wereldoorlog maakte een einde aan het gekibbel tussen de twee partijen. In 1941 had iedereen de plek verlaten en werd Westende-Bad een onderdeel van de Atlantic Wall ter verdediging tegen de Engelsen. Er werd een grote muur voor de villa's gebouwd waarop ramen en deuren werden geschilderd. Bombardementen bestookten de stad.

'In 1948 werd het Belle Vue nipt van de sloop gered.'

De schade na deze oorlog was gelukkig minder groot en in 1947 werden de eerste gasten verwelkomd in de badplaats. Drie jaar later had het toerisme haar vooroorlogse peil weer bereikt. Minigolf, tennis en strandspelen moesten ervoor zorgen dat niemand zich verveelde.

Het Grand Hotel Belle Vue was grotendeels gesloopt door de bezetter. Het interieur was een trieste ruïne die niets meer van de oude grandeur uitstraalde. In 1948 werd het gebouw te koop aangeboden met de bedoeling het hotel met de grond gelijk te maken en te vervangen door nieuwbouw. De Franse groep Bernard Levy redde het bijzondere reliek uit de belle époque van de sloop. Ze verbouwden de bovenste etages tot luxeappartementen en maakten van de onderste verdiepingen een beperkte hotelaccommodatie. De eens zo schitterende feestzaal waar ooit memorabele dansfeesten en concerten plaatsvonden, moest plaatsmaken voor studio's. De baden in de kelder werden afgebroken. In 1950 namen de eerste appartementseigenaars hun intrek in de Résidence Belle Vue en opende het Hotel La Rotonde – slechts een schaduw van het ooit zo mondaine Palace Hotel – haar deuren.

In de jaren vijftig werd duidelijk dat de promotiemaatschappij haar monopolie op de badplaats langzaam maar zeker kwijtraakte. Er kwam een nieuw VVV-kantoor dat impulsen moest geven aan het toerisme in Westende-Bad. Voorzitter Van Damme ijverde ervoor dat Westende weer 'de mooiste parel aan de kroon der kust' zou worden. De Brusselse bourgeoisie zag met lede ogen toe hoe de voertaal in Westende-Bad het Nederlands werd. Die trend zette zich door in de jaren zestig. Met het verdwijnen van het Westende Palace Hotel werd definitief een streep getrokken onder het Franstalige, elitaire karakter van de badplaats.

Hoewel er nog villa's gebouwd werden, moesten de prachtige huizen op de dijk in de jaren zeventig plaatsmaken voor hoogbouw. Het appartementstoerisme kende een ongekende groei en heel wat hotels sloten hun deuren. De Rotonde bleef dit lot gespaard omdat er een appartementsstructuur in het hotel was opgenomen. In 1983 werd het als beschermd monument geklasseerd en in 1997 werden grote verbouwingswerken uitgevoerd om wat van de oorspronkelijke grandeur terug te brengen. Met *Het Hotel* staat het weer op de drempel van een nieuwe toekomst.

WESTENDE VANDAAG

De jaren negentig brachten een kentering teweeg in de bouwwoede van de promotoren. Na jaren van monotone hoogbouw, werd er weer meer belang gehecht aan vormgeving. Vanaf dan werden hogere eisen gesteld aan nieuwbouwprojecten en werd geld gespendeerd aan het renoveren van oude gebouwen.

Westende is de familiebadplaats bij uitstek geworden. De gemeenten en hun badplaatsen bieden een waaier aan activiteiten aan voor alle leeftijden. In de buurt van *Het Hotel* is het goed toeven, zowel in de winter- als in de zomermaanden.

Het hotel

heet je welkom

Een hoogstpersoonlijke begeleiding

Caroline Van Gestel

Caroline ziet er bijzonder elegant uit in haar grijze mantelpakje, met haar blonde haar netjes opgestoken. Het is haar niet aan te zien dat ze pas moeder is geworden. Caroline is verantwoordelijk voor alles wat met de ontvangst van de hotelgasten in het Brusselse Hotel Amigo te maken heeft. Ze zorgt bovendien voor de persoonlijke begeleiding van belangrijke gasten als politici, artiesten en zakenmensen.

Soms ligt een misverstand in een klein woordje, met alle gevolgen van dien. Zo bestelde een Engelstalige gast ooit duizend rozen. Dat is veel, maar bij het Amigo kijken ze niet op van dergelijke zaken. De bloemist leverde ze met plezier. Aangekomen bij de gast bleek dat hij slechts twaalf stuks besteld had. In plaats van a dozen *had men* a thousand *verstaan bij de bestelling. Geen nood. Het hotel werd helemaal versierd met maar liefst 988 rozen...*

'Ik kende het Hotel Amigo niet toen ik hier zeven jaar geleden solliciteerde', bekent ze. 'Ik had na mijn studies een baan als productmanager bij een touroperator en om mijn Frans bij te schaven, werkte ik een tijdje in hotels in Disneyland Parijs.' Het Amigo zocht een receptioniste en Caroline ging er een kijkje nemen. Ze was echter niet meteen onder de indruk van het chique hotel dat midden in een verbouwing zat en toen ze naar huis reed, besliste ze om de baan niet te nemen. Enkele dagen later kreeg ze een telefoontje. Het hotel veranderde niet alleen het interieur, ook de personeelsbezetting werd grondig onder handen genomen. 'De eigenaar die het hotel had overgenomen, creëerde een aantal nieuwe functies die pasten bij de filosofie van zijn bedrijf', vertelt ze. 'Eén daarvan was guest relations, een baan die me erg aansprak. Ik maakte de overgang van de oude naar de nieuwe Amigo mee en dat was een leerrijke en prettige ervaring. Ik ben blij dat het zo gelopen is.'

Dat grote artiesten ook maar mensen zijn, ondervond Caroline toen een bekende zangeres in het hotel logeerde. Ze vroeg de zangeres om het Gouden Boek te ondertekenen. Bij het doorbladeren van het boek zag ze dat op de vorige pagina haar favoriete band iets geschreven had. Caroline vertelde haar dat ze in dezelfde suite gelogeerd hadden, waardoor de zangeres helemaal in de wolken was! Grote artiesten zijn dus ook fan van elkaar en vinden het net zo spannend als 'gewone' mensen om hun idool te ontmoeten.

Hoewel het Amigo onderdeel is van de Rocco Forte Collection – een aantal exclusieve luxehotels over de hele wereld – straalt het geen 'ketensfeer' uit. Caroline is er trots op dat ze mag werken in een hotel dat tot de top drie van Europa behoort en dat ze een prettige, gevarieerde baan heeft waarin ze zich kan uitleven. De andere medewerkers – mensen die hier vaak al dertig jaar of meer werken – ontvingen haar met open armen en leerden haar de kneepjes van het vak. Tussen 6u30 en 23u kunnen gasten een beroep doen op Caroline of een van haar twee collega's. Als er vips arriveren buiten deze uren,

'Onze bijzondere service maakt dat de klant zich thuis voelt in het hotel.'

Niet zo lang geleden logeerde een man in het Amigohotel die zijn vrouw wou verrassen voor haar verjaardag. Hij huurde de Blaton Suite – prijskaartje 4.500 euro per nacht – en liet vervolgens voortdurend nieuwe cadeaus aanrukken. Het personeel aan de balie wist even niet wat er gebeurde, want ze waren niet van tevoren ingelicht. Het ene moment kwam de vraag om bloemen naar de kamer te sturen, wat later ging de receptionist op zoek naar allerlei cadeaus zoals diamanten en handtassen. 's Avonds kwam een violist voor hen spelen tijdens het diner bij kaarslicht. Die man gaf zijn vrouw echt de dag van haar leven, en gelukkig waren wij er om een handje te helpen.

stellen ze zich flexibel op en blijven ze in het hotel. De dames hebben een onopvallend plaatsje in het midden van de lobby, waar ze discreet de vragen van gasten beantwoorden.

'De taak van een Guest Relations Manager bestaat uit twee delen', legt ze uit. 'Er is het voorbereidende computerwerk en vervolgens het werk on stage als de gast arriveert. Alle gasten die hier logeren, worden van tevoren gescreend om een maximale dienstverlening te garanderen. De hotels van de Rocco Forte Collection hebben een gemeenschappelijke database waarin de gegevens van de gasten zijn opgeslagen. Als een gast ooit in een van onze hotels sliep, weet ik dat hij bijvoorbeeld een antiallergisch kussen wilt en bij voorkeur sprankelend water drinkt. Ik geef dat door aan housekeeping en zij leggen het speciale kussen en een extra fles spuitwater klaar zonder dat de klant er moet om vragen. Die service maakt dat de klant zich thuis voelt in het hotel.'

Een andere klant checkte 's ochtends uit toen Caroline merkte dat er opgedroogde tandpasta om zijn mond zat. Ze stopte hem discreet een paar doekjes toe en wees hem op het schoonheidsfoutje, zodat hij het kon rechtzetten voor hij belangrijke klanten ontmoette.

'Zakenmensen, politici en artiesten zijn regelmatig weg van huis', vertelt Caroline. 'Wij doen er alles aan om van het Amigo "hun thuis in Brussel" te maken. Een aantal van onze trouwe gasten laat hier persoonlijke spullen achter die wij voor hen bewaren en weer klaarzetten als ze ons een volgende keer bezoeken. We geven hen een eigen kamerjas waarop hun naam geborduurd staat en over het algemeen weten we heel goed waar we hen een plezier mee doen. De ene vindt champagne lekker, de andere stelt prijs op een doos chocolaatjes. Mijn collega's en ik zorgen ervoor dat aan al die kleine verlangens wordt voldaan.'

De informatie van trouwe gasten wordt in de computer opgeslagen. Slaapt de gast op de linker- of rechterzijde van het bed? Eet hij van de chocolaatjes? Heeft hij speciale culinaire voorkeuren? Het is die aandacht voor details waarmee het Hotel Amigo zich onderscheidt. 'Verjaardagen of grote gebeurtenissen worden niet vergeten', vertelt Caroline. 'Aan al de medewerkers die met de gast in contact komen, vertellen we dat hij jarig is of een huwelijksverjaardag viert. Zo kan iedereen hem feliciteren op een eigen manier.' Een dergelijke voorbereiding vergt heel wat coördinatie tussen alle diensten van het hotel en een grote toewijding van het personeel. 'Die persoonlijke aandacht is het visitekaartje van het hotel', aldus Caroline. 'Ik ben er trots op om in een vijfsterren luxehotel te mogen werken. Het is een uitdaging om aan de hoge eisen van onze gasten te voldoen.'

Elke gast die het hotel binnenwandelt, wordt door de medewerkers in de lobby begroet. Als de gast bekend is in het hotel, gebruiken ze zijn of haar naam. 'Ik ga al lang in hetzelfde hotel op vakantie', vertelt Caroline. 'Na al die jaren kennen ze nog steeds mijn naam

'Het is de aandacht voor details waarmee Hotel Amigo zich onderscheidt.'

Bij Guest Relations moet je altijd goed bij de pinken zijn. Caroline schreef ooit een welkomstbrief voor een dame die voor het eerst in Hotel Amigo logeerde. Toen de 'dame' in het hotel arriveerde, bleek het een heer te zijn! Ze schreef vliegensvlug een andere brief en rende als een speer naar de kamer, waar ze de enveloppen omwisselde. Ze verliet de kamer op het moment dat de klant de gang inwandelde. De gast trok bovendien grote ogen toen Caroline hem vriendelijk met zijn naam begroette.

niet. Eigenlijk is dat jammer. Het kost niets om iemand vriendelijk te begroeten en je creëert er een persoonlijke band mee.'

Belangrijke gasten worden door Caroline persoonlijk verwelkomd en naar hun kamer gebracht. Als het enigszins mogelijk is, wacht ze hen buiten op. 'Als er heel belangrijke gasten komen, worden de nodige veiligheidsmaatregelen genomen', vertelt ze. 'De straat wordt afgesloten en de politie houdt een oogje in het zeil. Hun kantoor is trouwens aan de overkant van het hotel. De persoon in kwestie wordt snel en discreet naar de lift begeleid. Vaak merken de andere gasten in de lobby niet eens dat er een belangrijke gast is binnengekomen. Natuurlijk gebeurt het regelmatig dat vips wat drinken in de bar. Zo zat er ooit een president in onze bar die herkend werd door iemand die hier toevallig iets kwam drinken. Ze geraakten aan de praat en als ik me niet vergis,

'Bekende gasten willen behandeld worden als ieder ander.'

hebben ze nog altijd contact met elkaar. Zo zie je maar dat het gewone mensen zijn.'

Caroline is niet snel onder de indruk van beroemdheden. 'Meestal willen bekende gasten behandeld worden als ieder ander en het is mijn taak ervoor te zorgen dat ze zich op hun gemak voelen. Het spreekt natuurlijk voor zich dat mijn collega's en ik meerdere talen spreken en dat we uiterst discreet zijn. Wij horen en zien veel, maar dat blijft binnen de muren van het hotel. Ik zorg er ook voor dat ik geen storende factor ben in de lobby, maar reageer meteen als ik zie dat mensen me nodig hebben. Je merkt aan de blik van een gast of hij hulp nodig heeft en dan anticipeer ik direct. Ik ben natuurlijk geïnteresseerd in mensen en kan me aanpassen aan verschillende karakters en situaties. Een grote dosis geduld is ook mooi meegenomen. Je mag geen rolletje spelen als je met een gast te maken krijgt, het moet uit je hart komen. Het belangrijkste is dat je jezelf blijft in deze baan en dat je je job heel graag doet.'

Soms krijgen de medewerkers van Guest Relations wat moeilijkere vragen voorgeschoteld. Er is een gast die bijvoorbeeld altijd vraagt om het meubilair in de kamer af te dekken met witte lakens wegens van een allergie. Soms beslist hij dat de gereserveerde kamer niet voldoet en wil hij een nieuwe kamer. Het is dan belangrijk om zo snel mogelijk een andere kamer klaar te stomen naar zijn wensen. Ook kleine verzoeken kunnen voor de nodige ophef zorgen. Probeer maar een keer een taxi te vinden waarin nog gerookt mag worden! 'Onmogelijk' staat echter niet in het woordenboek van het Amigohotel. Er wordt altijd een oplossing gezocht. Zoals die keer dat een klant zijn designerhemd naar de stomerij liet brengen en het beschadigd terugkwam. De winkels waar het merk verkocht werd, hadden geen hemd meer in voorraad, dus zat er niets anders op dan de designer zelf te bellen. Die had gelukkig nog een exemplaar liggen, dat meteen werd overgevlogen voor de klant.

Ingrediënten VOOR 4 PERSONEN

babyraapjes
babyvenkelknolletjes
babywortels
babycourgettes
babybloemkool
400 g water
300 g suiker
400 g rijstazijn
1 steranijs
1 blad laurier
½ teentje knoflook
1 theelepel zout
10 witte peperbollen

Dip:
50 g kervel
50 g basilicum
50 g dragon
3 eetlepels mayonaise
peper
zout

Bereiding

Maak de babygroenten schoon en spoel ze onder stromend water. Vul enkele weckpotten met de groenten.

Breng het water aan de kook samen met de suiker, de rijstazijn, de steranijs, de laurier, de look, het zout en de peperbollen. Giet het kokende mengsel over de groenten tot ze net ondergedompeld zijn. Sluit de bokalen en steriliseer* ze gedurende 20 minuten.

Doe de kervel, het basilicum en de dragon in de blender en maal ze fijn. Doe ze in een schone neteldoek en laat ze uitlekken. Meng de uitgelekte kruiden met de mayonaise. Kruid eventueel bij met wat peper en zout.

Serveer de zoetzure groentjes met de dip.

*Om de groenten in de weckpotten te steriliseren, ga je als volgt te werk: sluit de potten met de klepjes en dompel ze 20 minuten onder in water van 85 °C of zet ze 20 minuten in een stoomoven op diezelfde temperatuur.

Zoetzure groenten met kruidendip

Ingrediënten VOOR 4 PERSONEN

2 avocado's
***1 limoen** (sap en schil)*
olijfolie
peper
zout
1 teentje knoflook
***20 g amaranth** (kleine graantjes uit Zuid-Amerika, natuurvoedingswinkel)*
1 theelepel ras-el-hanout
(Marokkaanse specerijenmengeling)
100 g tonijn
1 eetlepel sojasaus
zeezout
***100 g rettich** (witte rammenas)*

Bereiding

Schil de avocado en haal de pit er uit. Pureer het vruchtvlees met het limoensap, wat olijfolie, peper en zout in de blender tot een gladde massa.

Doe wat olijfolie in een pan met antiaanbaklaag. Plet de knoflook met de platte kant van een mes en fruit hem kort in de olie. Doe de amaranth in de pan tot hij begint te poffen en breng op smaak met ras-el-hanout en zout. Laat uitlekken op keukenpapier.

Snijd de tonijn in dobbelsteentjes en leg hem even in een marinade van sojasaus, een eetlepel olijfolie, limoenrasp, peper en zeezout.

Verdeel de avocadocrème over glaasjes. Doe er de gemarineerde tonijn, de gepofte amaranth en wat versgeraspte limoenschil bij. Werk af met fijngesneden en opgerolde rettich.

Avocado met gepofte amaranth, rettich en gemarineerde tonijn

Ingrediënten VOOR 4 PERSONEN

4 grote platte oesters
2 dl Vichy Catalan
(Spaans bronwater)
1 dl sake
½ dl limoensap
2 eetlepels mirin (Japanse kookwijn)
50 g komkommer
50 g algenmengeling
(hijiki, wakame)
sesamolie
olijfolie
limoensap

Bereiding

Open voorzichtig de oesters, maak ze los en vang het vocht op.

Meng voor de granité de Vichy Catalan met de sake, het limoensap, de mirin en ½ dl oestervocht. Zet het mengsel in de diepvriezer en roer het regelmatig los zodat er zich ijskristallen vormen.

Snijd de komkommer fijn. Week de algenmengeling in wat water en laat ze uitlekken. Meng voor de zeesalade de komkommer met de algen en breng op smaak met enkele druppels sesamolie, olijfolie en limoensap.

Doe wat zeesla en een lepeltje granité op de oester en serveer meteen.

Oester met frisse zeesalade en granité van sake en limoen

Ingrediënten VOOR 4 PERSONEN

Makarons:
50 g chocolade
100 g eiwit
150 g amandelpoeder
150 g fijne kristal-suiker
150 g bloemsuiker

Mascarpone:
2 blaadjes gelatine
40 g frambozen-coulis
25 g suiker
1 eetlepel rozenwater
1 eetlepel citroensap
200 g mascarpone

Crumble:
80 g suiker
50 g amandelpoeder
80 g boter
50 g bloem
wat gevriesdroogd frambozenpoeder

30 frambozen

Bereiding

Makarons: Smelt de chocolade in een warmwaterbad. Meng de helft van het eiwit met het amandelpoeder, de suiker en de gesmolten chocolade. Klop de rest van het eiwit tot een meringue met de bloemsuiker. Roer beide mengsels door elkaar en spuit met behulp van een spuitzak toefjes van ongeveer 2 centimeter doorsnede op een met bakpapier beklede bakplaat. Laat de makarons even 'korsten' buiten de oven en zet ze dan 8 minuten in een voorverwarmde oven op 140 °C.

Mascarpone: Week de gelatineblaadjes in koud water en knijp ze goed uit. Verwarm de frambozencoulis met de suiker, het rozenwater en het citroensap. Los er de gelatine in op en roer er ten slotte de mascarpone onder. Laat het mengsel opstijven in de koelkast.

Crumble: Meng de suiker met het amandelpoeder, de boter en de bloem tot kruimeldeeg. Bak het deeg 10 minuten in een voorverwarmde oven op 160 °C. Laat het afkoelen en maal het nog wat fijner in de keukenrobot. Meng er eventueel wat gevriesdroogd frambozenpoeder onder.* Bouw het gerecht op met afwisselend makarons, mascarpone en frambozen. Werk af met de crumble.

*De gevriesdroogde frambozen kunnen vervangen worden door een theelepel frambozenconfituur die je door het crumbledeeg mengt.

Makarons met frambozen en mascarpone

Céline & Jozefien

Céline en Jozefien. Als je hun namen achter elkaar zet, klinkt het als het begin van een gedichtje. De twee dames zitten nog op de schoolbanken, maar beginnen vol enthousiasme en energie aan de droom van *Het Hotel*.

TWEE MEISJES...

Je mag gerust stellen dat de twee hun eerste ervaringen in het 'hotelwezen' opdeden in het studentenkot dat ze deelden in hartje Gent. Het huis aan de Overpoort heette Moeder Malheur, maar werd door medestudenten al snel omgedoopt tot 'Hotel Malheur'. Wie de laatste tram miste na een nachtje stappen of te veel gedronken had om veilig met de wagen thuis te geraken, crashte op de uitklapsofa van Céline en Jozefien en kreeg er nog een gratis ontbijt bovenop. De sofa stond geen enkele avond leeg en alles liep gesmeerd tot de huisbaas er lucht van kreeg en vond dat het de spuigaten uitliep. Hij zette de dames zonder pardon op straat. 'Het was een leuke tijd', herinnert Céline zich. 'Wij gaven gratis slaapplaatsen weg, maar als we zelf een avondje gingen stappen, moesten we geen cent meenemen omdat we voortdurend getrakteerd werden.'

Jozefien maakte haar studies maatschappelijk werk af maar merkte dat de praktijk tegenviel. Ze schreef zich in voor de richting hotelmanagement in Brugge en volgt er nu het tweede jaar. Voor Céline duurde het wat langer om haar draai te vinden. Ze probeerde een paar studierichtingen uit, maar dat liep op een sisser uit en ze besliste om twee jaar naar Frankrijk te gaan om er als animator te werken voor Club Med. Bij thuiskomst schreef ze zich in voor hotelmanagement - 'net praktisch genoeg en ideaal voor een bourgondiër als ik die van eten en drinken houdt' - waar ze nu in haar eerste jaar zit. 'Een hotel betekent vakantiesfeer, variëteit, entertainen', aldus een opgewekte Céline. 'Het heeft een charme die je nergens anders terugvindt. Je werkt als anderen vrij hebben, maar dat stoort ons absoluut niet.' Jozefien droomde altijd al van een eigen gastenverblijf, maar de kans om iets te openen was erg klein. Ze stelde zichzelf als doel om eerst ervaring op te doen in een grote keten en dan bij een familiehotel te gaan werken waar ze een stempel kon drukken op het beleid.

Jozefien en Céline werkten regelmatig in hotels en op campings. Ze kregen hun portie 'naakte mensen in het zwembad' of 'rare vragen' al voorgeschoteld. Céline herinnert zich vooral een fietstocht die ze moest organiseren voor driehonderd medewerkers van een bedrijf in een Frans vakantieoord. 'We huurden elke beschikbare fiets in de buurt. De fietsers vormden één lange file tussen de twee dorpjes en kwamen amper vooruit. Er waren voortdurend kettingbotsingen. Dan zag je hoopjes fiets waar een paar armen en benen uitstaken. Organisatorisch was dat een hel!'

De twee schreven een lange brief naar de makers van *Het Hotel* waarin ze vertelden over hun leven. Ze stopten er een heleboel foto's bij en maakten er een bijzonder document van. Die brief was nog vrijblijvend, maar toen ze werden uitgenodigd, beseften de vriendinnen dat het menens werd en dat het tijd was voor een serieus gesprek. 'We zijn niet zo tuk op camera's', vertellen ze. 'We zijn er vooral bang voor dat we verkeerd worden afgeschilderd. Stel dat ze ons voorstellen als klungels of, nog erger, als twee kibbelende vrouwen die er voortdurend nors bij lopen... Zo zijn we niet! We discussiëren heel veel en gaan erg direct met elkaar om, maar dat is niet hetzelfde als ruziemaken. We weten niet hoe het gaat overkomen op televisie. Aan de andere kant

Jozefien vertelt hoe ze ooit een vervelende boodschap moest overbrengen. 'Twee jongens huurden een stacaravan op de camping waar ik aan de receptie stond. Ze hadden niet gereserveerd en blijkbaar was er wat fout gelopen met de waarborg bij de inschrijving. Op een avond brachten ze twee meisjes mee naar de camping uit de discotheek. 's Ochtends waren de heren met de noorderzon verdwenen zonder hun rekening te betalen. De meisjes moesten opdraaien voor alle kosten die de mannen tijdens hun vakantieweek op de camping gemaakt hadden. Het was niet prettig om hen dat duidelijk te maken, maar het is me gelukt.'

is *Het Hotel* een kans die we voor geen geld ter wereld willen laten liggen!'

...OP HET STRAND

Het was even schrikken toen ze hoorden dat het een hotel aan de kust werd. 'Zakelijk gezien is dat niet zo interessant', vertelt Céline. 'De kust heeft veel charme, maar alleen in het zomerseizoen. Wij hadden liever een hotel in een stad gezien. Gent was ideaal geweest.'

Het gebouw sprak het duo wel aan. 'Het is een pand met een verhaal, met een geschiedenis', aldus Jozefien. 'Dat is belangrijk voor ons. Alle spullen die we kopen, moeten een verhaal vertellen en ik geef graag wat meer geld uit aan unieke, bijzondere stukken.'

Hun droomhotel noemen ze 'klassiek met moderne toetsen'. Het moet warmte en gezelligheid uitstralen en de gasten het gevoel geven dat ze er thuiskomen. Een persoonlijke aanpak is cruciaal. 'Ik logeerde tijdens een skivakantie ooit in een Frans hotel waar ze dat heel goed begrepen hadden', vertelt Jozefien. 'De service was er niet

'Neem één schakel weg in een hotel en alles zakt als een pudding in elkaar.'

perfect, maar de eigenaars gaven je het gevoel dat je er welkom was. De kleine schoonheidsfoutjes waren meteen vergeven.' In de brasserie van hun hotel willen ze eenvoudige maar lekkere en vooral mooi gepresenteerde gerechten opdienen. Volgens Céline kunnen ze niet echt koken. 'Het is eerder "bricoleren". Van grootkeuken hebben we geen kaas gegeten, dus moet er een chef worden aangenomen. We willen een typisch Belgische kaart combineren met gerechten uit de wereldkeuken. Op ons menu mogen Japanse sushi, Mexicaanse fahita's én een Chinese wok staan.'

EEN HARDE LEERSCHOOL

Céline en Jozefien willen *Het Hotel* dolgraag winnen. 'We vullen elkaar perfect aan. Als team staan we sterk', aldus Jozefien. 'Ik ben rationeel, logisch, goed georganiseerd en punctueel. Mij mag je de cijfers en het organisatorische toevertrouwen. Céline is dan weer heel sterk in "haar plan trekken in alle omstandigheden". Er mag chaos heersen, zij zorgt ervoor dat alles weer op zijn pootjes terechtkomt. Bovendien is Céline geniaal met gasten. Zelfs als mensen niet openstaan voor contact, weet ze nog tot hen door te dringen. Je kunt het zo stellen: ik neem het zakelijke, de theorie voor mijn rekening en Céline doet het menselijke en het praktische.'

Ze benadrukken dat voor hen elke dienst in het hotel even belangrijk is. 'Neem één schakel weg en alles zakt als een pudding in elkaar. Je gasten onthouden gemakkelijker wat niet goed was. Daarom moet je ervoor zorgen dat je personeel op één lijn zit met jou, dat ze je filosofie goed begrijpen. Een goede ober maakt een slecht bord goed, maar een goed bord doet niet hetzelfde met een slechte ober... Dat geldt voor alle facetten in een hotel. Natuurlijk zullen we fouten maken. Dat is niet erg, als je er maar goed mee omgaat.'

De twee hebben weinig ervaring in het leidinggeven, maar ze zijn ervan overtuigd dat het wel los zal lopen. De contacten met de jury waren tot nu toe prettig. 'Ze geven commentaar, maar daar hebben we geen problemen mee. Die positieve en negatieve feedback is net heel belangrijk. Als kritiek op een constructieve manier gegeven wordt, heb je er echt wat aan.'
Hoewel ze *Het Hotel* dolgraag willen voortzetten, zien ze dit hele gebeuren als een enorme leerervaring. 'Het is dé perfecte aanvulling op onze studies, een kans die we voor geen geld ter wereld willen missen!'

Het antwoord op alle vragen

Marc Neuville

Marc Neuville is een uitzonderlijk vriendelijk en bescheiden man. Dat moet ook wel, want in zijn functie van conciërge in het Hotel Amigo zijn dat noodzakelijke eigenschappen. Hij zorgt ervoor dat aan alle eisen en wensen van de klanten wordt voldaan. 'Dat gaat van reizen organiseren, vliegtuigtransfers boeken en het vinden van een taxi, tot het terugvinden van verloren voorwerpen of het zoeken van een dokter', vertelt hij. 'In principe is geen enkel verzoek onmogelijk!'

Marc werkt al 23 jaar in het Hotel Amigo. Hij studeerde hotelschool en later hotelmanagement en bleef na een stage aan de slag in het mooie Brusselse hotel. De functie van conciërge sprak hem aan omdat je in geen enkele andere functie zo'n hechte relatie hebt met de gasten. Die baan is niet altijd even eenvoudig. Als er voldoende tijd is om naar antwoorden te zoeken, is er geen wolkje aan de lucht, maar vaak loopt de stress hoog op door tijdsdruk. 'In deze job moet je graag ten dienste staan van mensen', zegt Marc. 'Ik zie het helpen van gasten als een uitdaging en zoek met plezier naar oplossingen. Als we geen taxi kunnen bemachtigen en de gast heeft een belangrijke vergadering of moet een vliegtuig halen, dan doen we er alles aan om hem zo goed mogelijk te assisteren. Waarschijnlijk halen we dan zelf onze auto uit de garage en voeren we hem naar zijn bestemming. We gaan uiteraard ook op zoek naar gasten die verloren rijden in Brussel en begeleiden hen naar het hotel. Het Hotel Amigo is op het vlak van dienstbaarheid buitengewoon.'

Marc werkte al in het hotel toen het gerund werd door de beroemde familie Blaton. Hij vond de overgang naar de Rocco Forte Collection spannend, maar is intussen volledig gerustgesteld. 'Het Amigo straalt magie uit', vertelt hij. 'We krijgen veel bijzondere mensen over de vloer die allemaal een eigen verhaal hebben. Sir Rocco Forte koos het Hotel Amigo omdat het in zijn schitterende collectie paste. Door mijn ervaring zou ik op andere droomlocaties kunnen werken, maar ik blijf graag hier omdat ik weet welke hoge kwaliteit we bieden.'

Zo logeerde er ooit een Australische journalist in het Hotel Amigo die Europa rondtrok met een enorme koffer. Hij moest van Brussel naar Londen en nam het vliegtuig. De koffer was te zwaar om mee te vliegen en van de Eurostar was toen nog geen sprake. Om de koffer toch ter plaatse te krijgen, stapte Marc in zijn auto en nam hij de Jetfoil naar Londen. Daar bracht hij de koffer tot aan de kamerdeur van het hotel waar de Australiër logeerde.

Dat betekent niet dat Marc nooit in die andere droomhotels komt. Door werknemers tijdelijk in een ander hotel van de collectie te laten werken, vindt er als het ware een 'kruisbestuiving' plaats. Bovendien zijn de conciërges van Hotel Amigo lid van Concièrges dans le Monde, die informatie met elkaar uitwisselen. Je herkent ze aan de twee gekruiste sleutels op de kraag van hun vest. 'We zijn intussen met meer dan vierduizend leden over de hele wereld', vertelt Marc. 'Stel dat een klant van hieruit doorreist naar een ander Clef d'Or hotel en hij heeft speciale vereisten, dan geef ik die door aan de conciërge ter plaatse. Als ik informatie nodig heb over een evenement of actie in een bepaalde stad, kan ik het aan een van mijn confraters vragen.'

De conciërge ontkent niet dat de baan af en toe opofferingen vraagt. 'Het is niet altijd eenvoudig om mijn job te combineren met mijn gezin', vertelt hij. 'Het vraagt een zekere maturiteit om dit te doen, maar als je graag ten dienste van mensen staat, zijn dat slechts kleine opofferingen.'

In de buurt van

RELIEKEN UIT EEN VERLEDEN

In Westende-Bad stonden ooit grootse villa's van bekende internationale bouwmeesters langs de dijk. Die tijd is voorbij, maar hier en daar kun je in Westende en Middelkerke nog de sfeer van dat bijzondere verleden opsnuiven.

Een van de oudste gebouwen is waarschijnlijk het **vissershuisje** aan de Duinenweg 212 in Middelkerke. Zo moet het dorp eruitgezien hebben voor het toerisme een weg vond naar de kust. In dergelijke witgekalkte huisjes woonden de oorspronkelijke inwoners. Ze verdienden de kost met tuinbouw en strandvisserij. In zee vonden ze garnalen, en de vruchtbare poldergrond achter de duinstrook – waar nu vooral campings liggen – werd gebruikt om gewassen te telen.

Uiteraard ga je ook een kijkje nemen bij het **Hotel Belle Vue** – in de volksmond De Rotonde genoemd. Dit is een van de weinige gebouwen die zijn overgebleven uit de belle époque. De kandidaten van de televisieserie *Het Hotel* blazen dit hotel nieuw leven in, waardoor het zeker de moeite waard is om er een keertje binnen te wandelen en er een stuk geschiedenis op te snuiven.

In de Henri Jasparlaan in Westende, evenwijdig met de dijk, ligt **Villa Les Zéphyrs**. In dit prachtige art-nouveauhuis uit 1922 kom je te weten hoe een rijke familie rond 1930 haar vakantie aan zee doorbracht. Het gebouw werd volledig in zijn oorspronkelijke staat gerestaureerd en ingericht volgens de gedetailleerde beschrijvingen van de vroegere bewoners. Gebruiksvoorwerpen, foto's en moderne multimediatoepassingen nemen je mee in de tijd van ezelsritjes op het strand, kleurrijke bloemen van crêpepapier en deftige dames in lange jurken. De prachtige schouwmantel, buffetkasten en lambrisering behoren tot de mooiste werken van Henri van de Velde, de grondlegger van art nouveau in België.

> Villa les Zéphyrs, Henri Jasparlaan 173, 8434 Westende, www.kusthistories.be.

Het Hotel

Calidris uit 1900 is een fraai gebouw aan de Strandlaan. Het was ooit een kinderhome in de duinen en werd authentiek gerenoveerd. Nu kun je er blijven logeren met groepen en scholen en wordt het gebruikt als cultureel centrum.

Van een heel andere orde is de **dronkenput** in Middelkerke. Rond 1900 werd de badplaats steeds populairder. Om aan de groeiende vraag naar drinkwater te voldoen, werd in 1897 een betonnen leiding van het kanaal Nieuwpoort-Plassendale naar Middelkerke aangelegd. Er werd een put gegraven van negen meter diep, geen sinecure in de moerassige ondergrond. De eerste poging om een betonnen vergaarbak te plaatsen mislukte en er werd gekozen voor een zwaarder model. Dat ging een tijdje goed, maar in 1899 werd hij door een plotse stijging van het grondwater toch naar boven geduwd en kwam hij schuin te staan. Hij kreeg al snel de naam 'dronkenput' omdat je je gevoel van evenwicht verliest als je erbij staat. Je probeert je evenwijdig te houden met de schuine pijlers in de grote ruimte, terwijl de waterspiegel vlak blijft.

> Dronkenput, Kapelstraat 55, 8430 Middelkerke. Vooraf verwittigen is aangeraden.

Wie ten slotte graag een gokje waagt, kan terecht in het **casino** van Middelkerke op de Zeedijk. Het gebouw dateert uit 1954 en is opgetrokken in Normandische stijl door architect August Vereecke. Op deze plaats stond in 1912 al een 'kursaal', dat beschadigd werd in de Eerste Wereldoorlog en tijdens de Tweede Wereldoorlog finaal vernietigd werd door een brand.

Een thuis

voor even

'Een fout maken is menselijk. Je moet ze vooral efficiënt rechtzetten.'

de gast kinderen heeft – die een aanknopingspunt kunnen vormen voor een gesprekje.'

De Room Division Manager houdt zich persoonlijk bezig met de trouwe gasten. 'Ik heb een speciale relatie met sommige gasten', vertelt ze. 'Met kerst krijgen deze mensen een geschenkje en er liggen altijd extraatjes voor hen op de kamer. Met die mensen bouw je iets op. Ze komen je hun trouwfoto's of foto's van hun kinderen tonen. Dat vind ik leuk en het interesseert me ook. Het is altijd prettig om hen terug te zien.'

Zelfs in een luxehotel als het Hotel Amigo gebeurt wel eens een foutje. Er ligt bijvoorbeeld een scheerset op de kamer waar een luchtbevochtiger was gevraagd. 'Zulke dingen lossen we op met humor', lacht Nathalie. 'We doen het ook meteen, zelfs als de klant zegt dat het niet dringend is. Een fout maken is menselijk, maar je moet vooral heel efficiënt zijn in het rechtzetten ervan. Dat onthouden de klanten.'

Heel wat gasten hebben bijzondere vragen, waar het personeel zonder verpinken op tracht te reageren. Sommige mensen willen bijvoorbeeld dat hun bed naar het noorden wijst. Dan gaat de gouvernante met een kompas naar de kamer en checkt ze of dat wel degelijk het geval is. Er kan gezorgd worden voor een bepaalde geur in de kamer, een fles water van een bepaald merk, bloemen, rozenblaadjes op het bed voor een huwelijksverjaardag... Meestal weten de hotelmedewerkers van tevoren wat de gast verlangt. De reservaties in dit hotel worden immers vaak gemaakt door de managers, secretaresses of assistenten van de gast en zij kunnen heel wat informatie geven over hun baas.

'Je moet je in de verbeeldingswereld van de gast inleven', zegt Nathalie. 'Je moet denken: hoe wil ik zelf bediend worden? Het gaat dan niet om dure cadeaus, maar wel om kleine attenties. Een aparte envelop met een welkomstbriefje voor de kinderen, waarop hun naam in kleurtjes geschreven staat bijvoorbeeld. Of een kaartje voor een verjaardag.'

De kamers zijn smaakvol maar eenvoudig ingericht. Het houten meubilair combineert mooi met de rustige kleuren. De basisuitrusting bestaat uit een excellent bed, een televisie, een internetaansluiting, een minibar en een telefoon. Er wordt standaard twee keer per dag gepoetst.
Om de gasten uit de nood te helpen, legde ze een kleine voorraad aan van onder andere tandenborstels, tandpasta, scheergerei, deodorant, nylonkousen... 'In de jaren dat ik hier werk legde ik ook een kleine bibliotheek aan', vertelt ze. 'Gasten laten vaak boeken achter op de kamer of geven ze af aan de receptie. Die houd ik bij en als er iemand een boek wil lezen, kan hij kiezen uit mijn collectie. Er zitten natuurlijk ook kinderboeken en strips bij. Gasten vergeten ook heel vaak de laders van hun telefoons op de kamer. We houden ze in principe zes maanden bij en dan mogen ze weggedaan worden. Ik houd al die laders bij en heb nu een hele verzameling waaruit de klant kan kiezen als hij er eentje nodig heeft.'

Van de kamermeisjes wordt ongelimiteerde discretie verwacht. Zij zien veel, maar vertellen dat niet verder. 'Niet alle mannen slapen hier met hun eigen vrouw', lacht Nathalie. 'Soms ken je de maîtresse beter dan de echtgenote! Als gasten iets vergeten in het hotel, bellen we hen nooit thuis op. Misschien wist de partner niet dat hij of zij hier logeerde. We houden alles een hele tijd bij, maar ondernemen zelf geen actie, tenzij het om een paspoort of andere belangrijke documenten gaat. Dat soort discretie wordt op prijs gesteld.'

Ingrediënten VOOR 4 PERSONEN

Voor de zoutmengeling:
1 kg zeezout
350 g suiker
5 g peperbollen, gekneusd

500 g verse zalmfilet met vel

1 kg dikke, vastkokende aardappelen
16 groene asperges
hazelnootolie
sherryazijn
250 g ricotta
1 limoen
peper
zout
150 g gemengde sla
(veldsla, notensla, molsla en kervel)
notenolie
zuurdesembrood
olijfolie

Bereiding

Meng het zeezout met de suiker en de gekneusde peperbollen. Verpak de zalm in de zoutmengeling en marineer de vis gedurende 24 uur. Verwijder het zout, spoel de zalm goed af en dep hem droog. Snijd hem in plakken van 0,5 cm.

Schil de aardappelen en snijd ze in plakken van 0,5 cm. Stoom ze beetgaar. Leg de aardappelplakken en zalmplakken afwisselend in een terrinevorm. Dek alles goed af met plasticfolie en leg er een gewicht op. Laat de terrine een nacht rusten.

Schil de asperges en blancheer ze kort in kokend water. Verfris ze in ijswater. Verhit wat hazelnootolie in een pan en bak er de asperges kort in aan. Haal ze van het vuur en voeg er enkele druppels sherryazijn aan toe. Sprenkel er eventueel nog wat zeezout over.

Meng de ricotta naar smaak met limoensap, peper en zout. Maak de sla aan met notenolie, sherryazijn, peper en zout. Snijd het zuurdesembrood in flinterdunne sneetjes. Bestrijk ze met olijfolie en bak ze goudbruin tussen twee bakplaten op 150 °C.

Haal de terrine uit de vorm en snijd ze in plakken. Serveer ze met de asperges, de ricotta, de sla en het krokante zuurdesembrood.

Aardappelterrine met lichtgezouten zalm, groene asperges en citrusricotta

Ingrediënten VOOR 4 PERSONEN

boter
1 kg kalfskaakjes, schoongemaakt
1 ui
tijm, laurier
1 teentje knoflook
½ l kalfsbouillon
1 flesje bruin bier, type trappist

4 stengels prei
4 dl kalfsbouillon
12 pastavellen
zout

Voor de dressing:
50 g truffel
50 g pistachenoten
200 g hoeveboter
2 eetlepels oude balsamicoazijn
4 eetlepels truffelsap

50 g pecorinokaas, geraspt
40 g room
enkele champignons

Bereiding

Verhit wat boter in een kookpot en kleur er de kalfskaakjes in aan. Snipper de ui en doe hem samen met de tijm, de laurier en de geplette knoflook bij de kaakjes. Schenk de kalfsbouillon en het bier in de kookpot en laat de kaakjes in 2 tot 3 uur garen op een zacht vuur. Haal de kaakjes uit het kookvocht en laat ze afkoelen. Snijd ze in kleine stukjes. Zeef het vocht en laat het tot de helft inkoken. Doe de kalfskaakjes bij het kookvocht.

Maak de prei schoon en houd alleen het witte deel over. Smelt wat boter in een pan en stoof er de preistengels in hun geheel in aan. Bevochtig de groente met kalfsbouillon, dek de pan af en zet ze ongeveer een uur in een voorverwarmde oven op 180 °C tot de prei door en door gaar is. Laat de preistengels goed uitlekken en houd het braiseervocht apart.

Kook de pastavellen beetgaar in ruim gezouten water. Laat ze uitlekken en leg ze op een werkblad. Leg een rijtje kaakjes en een stengel prei naast elkaar op de vellen en maak er mooie rolletjes van.

Hak voor de dressing de truffel en de pistachenoten fijn. Laat de boter hazelnootbruin kleuren. Haal ze van het vuur om wat af te koelen en meng er dan de truffel en pistache onder. Breng op smaak met oude balsamico, truffelsap en wat braiseervocht van de prei.

Meng de pecorino met de room en verdeel het mengsel over de pastarolletjes. Laat het geheel even kleuren onder de hete grill. Werk af met de dressing, rauwe champignons en eventueel wat in plakjes gesneden truffel.

Pastawrap met kalfskaakjes, gebraiseerde prei en truffel-pistachedressing

Ingrediënten VOOR 4 PERSONEN

2 kippen van 1,5 kg
boter
20 g gember, fijngesneden
4 blaadjes laurier
2 teentjes knoflook
1 l gevogeltebouillon
200 g zilveruitjes
1 rode paprika
***150 g taboulé** (couscous)*
50 g gezouten citroenschil
(Marokkaanse winkel)
20 g verse koriander, gehakt
2 eetlepels chermoula
(Marokkaanse kruiden)

Voor de dip:
2 aubergines
peper
zout
1 teentje knoflook
2 ansjovisjes, gezouten
6 groene olijven zonder pit
olijfolie
80 g Griekse yoghurt

Bereiding

Verdeel de kip in stukken. Smelt wat boter in een kookpot en bruin er de kip aan alle kanten in aan. Doe er de gember, laurier en knoflook bij. Bevochtig met de gevogeltebouillon, zet een deksel op de kookpot en laat de kip garen tot het vocht tot een derde gereduceerd is. Haal de kip uit de kookpot.

Pel de zilveruitjes. Maak de paprika schoon en snijd hem in reepjes. Doe eerst de uitjes en dan de paprika in het kookvocht van de kip. Roer er ten slotte de taboulé onder en laat hem even zwellen. Breng op smaak met gezouten citroen, koriander en chermoula.

Snijd voor de dip de aubergines overlangs in tweeën. Kruid de helften met peper en zout, gesnipperde look, gehakte ansjovis, fijngesneden groene olijven en olijfolie. Leg de twee helften terug op elkaar en verpak het geheel in aluminiumfolie. Laat de aubergine een uurtje garen in een voorverwarmde oven op 200 °C. Schraap het vruchtvlees uit de aubergine en maal het fijn in de blender. Roer er de yoghurt onder.

Verdeel de taboulé over de borden en leg er de stukken kip op. Serveer met de auberginedip.

Tajine-style-kip met gezouten citroen, taboulé, koriander en auberginedip

Ingrediënten VOOR 4 PERSONEN

Bouillon:
2 banaansjalotten
2 dl sherry
2,5 l gevogeltebouillon
100 g gedroogde paddenstoelen-mengeling
3 eiwitten

Jus:
½ dl truffelsap
20 g koude boter
1 dl room

Tosti:
16 dunne sneetjes briochebrood
knoflookboter

Kippenoesters:
boter
32 kippenoesters
4 eetlepels oestersaus

Duxelle:
300 g grote Parijse champignons
1 sjalot
½ teentje knoflook
1 eetlepel verse koriander (fijngesneden)

300 g verse spinazie
olie
sesamolie
peper en zout
100 g tempé

Bereiding

Bouillon: Snipper de sjalotten fijn en doe ze samen met de sherry in een kookpot. Schenk er 2 liter gevogeltebouillon bij en warm het geheel op. Voeg er de gedroogde champignons aan toe en laat ze gedurende 2 uur op een zacht vuur trekken zodat de bouillon de smaak van de champignons opneemt. Leg een neteldoek in een vergiet en giet er de bouillon door. Vang het vocht op. Klop de eiwitten los en doe ze al roerend bij de warme bouillon. Verwarm de bouillon tot net onder het kookpunt en houd hem 10 minuten op deze temperatuur zodat de eiwitten stollen. Leg een neteldoek in een vergiet en giet er de bouillon door. Houd de geklaarde bouillon apart.

Jus: Neem de resterende halve liter van de bouillon. Doe er truffelsap bij en laat het mengsel tot de helft inkoken. Mix vlak voor het serveren luchtig met de koude boter en de room.

Tosti: Smeer het briochebrood in met knoflookboter en rooster ze goudbruin.

Kippenoesters: Smelt wat boter in een pan en klaar ze door er de onreinheden uit te scheppen. Bak de kippenoesters kort aan in de geklaarde boter en glaceer ze met de oestersaus en een scheutje gevogeltebouillon.

Champignon cappuccino en tosti met gebakken kippenoesters

Duxelle: Snijd de champignons in kleine blokjes (brunoise). Smelt een klontje boter en stoof de champignons aan met een gesnipperde sjalot en knoflook. Laat het vocht dat vrijkomt langzaam verdampen en voeg er ten slotte de koriander aan toe. Maak de spinazie schoon, dep hem droog en stoof hem aan in wat olie. Doe er enkele druppels sesamolie bij en breng eventueel op smaak met peper en zout.

Snijd de tempé in plakjes en bak ze krokant in wat hete olie. Leg de kippenoester, de duxelle en de spinazie tussen de tosti. Serveer met de bouillon en werk af met wat gebakken tempé.

Bruno & Youri

Twee boezemvrienden uit de buurt van Brussel. Ze speelden samen basket, gaan regelmatig samen op stap, boeken samen hun vakanties en nu wagen de twee zich aan het uitbaten van een hotel aan de kust. Ze kregen in elk geval de juiste opleiding om deze wedstrijd tot een goed einde te brengen.

TWEE HANDEN OP EEN BUIK

Bruno studeerde aan de hotelschool in Wemmel en werkt al vijftien jaar in diverse restaurants. De keuken is geen onbekend terrein voor hem, maar hij vond zijn draai vooral in de bediening, waar hij veel mensen om zich heen heeft. Zijn sterkste punt is gasten entertainen en hen op hun gemak stellen. Youri haalde vlak voor de aanvang van het programma zijn diploma hotelmanagement, waarin vooral de praktische stages hem aanspraken. Al sinds zijn vijftiende heeft hij baantjes in de horeca als bijverdienste. Beide heren zijn gebeten door de horecamicrobe en ze zijn vast van plan om op die weg verder te gaan. 'De horeca heeft een slechte naam', lacht Bruno. 'Je moet lange uren kloppen en je verdient er niet zo heel veel. Maar als de microbe je eenmaal te pakken heeft, raak je ze niet meer kwijt. Ik hou van de omgang met klanten, het reizen, de variatie... Geen twee dagen zijn hetzelfde in deze branche en dat maakt het juist zo aantrekkelijk en boeiend.'

Geen van beiden had iets omhanden toen ze de oproep van VT4 hoorden. Ze hadden iets van 'waarom niet?' en maakten een pakketje met informatie en foto's over zichzelf. Toen ze dat helemaal klaar hadden, beseften ze wat een grote stap de wedstrijd betekende. Youri had een managementfunctie in gedachten na zijn studies, Bruno wou weer

'Als je de horecamicrobe eenmaal te pakken hebt, raak je ze niet meer kwijt.'

naar het zuiden van Frankrijk om er te werken. Die plannen werden in de koelkast gezet en het duo richtte zich volledig op *Het Hotel*.

'Helaas maakt het Belgische weer me regelmatig depressief', schokschoudert Bruno. 'Ik heb een tijdje in Cannes gewerkt in de zomer bij temperaturen van 35 °C. Elke dag zon, dat doet wat met een mens. We leefden er op het strand en de zon maakte iedereen – personeel en gasten – heel wat vriendelijker en verdraagzamer. Als je dan in België belandt met een gemiddelde zomertemperatuur van 15 °C, doet dat pijn...'

ZON, ZEE EN STRAND

Geen wonder dat de twee vrienden de kust pas echt aantrekkelijk vinden als het mooi weer is. Uit zakelijke overwegingen had Youri *Het Hotel* liever in een stad gezien, waar je zowel toeristen als zakenmensen over de vloer krijgt. 'Of aan een kust waar de zon schijnt natuurlijk', lacht hij. 'Geef me zon, zee, strand en boten en ik ben gelukkig. Helaas is de Belgische kust wat minder royaal bedeeld wat zon betreft. Het verkleint onze doelgroep, want mensen komen niet naar de kust als het regent. We zullen manieren moeten vinden om het hier toch aantrekkelijk te maken.'

Toch zien de twee het helemaal zitten om De Rotonde in Westende uit te baten. 'De buitenkant is onwaarschijnlijk mooi en wonderlijk modern', zegt Youri. 'Het straalt iets Italiaans of Grieks uit. De binnenkant is deprimerend met al die lelijke groene kleuren. Er zitten vochtplekken en schimmels op de muren en het ademt een sfeer van verval uit. Misschien vinden de gasten die het hotel nu bezoeken het charmant, maar het is absoluut mijn ding niet. Er is werk aan, maar met frisse kleuren valt er zeker iets van te maken. Voor ons hoeft het trouwens niet ontzettend modern te worden. Het mag klassiek met vernieuwende toetsen.'

Beiden vinden het hotel groot genoeg om met twee uit te baten. Ze willen er een familieverblijf van maken waarin maximaal vijf tot zes personen werken. 'Een groot hotel is niets voor ons', legt Bruno uit. 'Ik mag er niet aan denken dat ik de namen van pakweg honderdvijftig personeelsleden moet onthouden zoals in het Hotel Amigo, waar ik stage liep. Dat was een fantastische ervaring, maar het is niet ons soort hotel.'
Het restaurant moet het kloppende hart van hun hotel worden en een oplossing bieden voor het probleem van het seizoensgebonden karakter. Het duo mikt op een klasserestaurant waarin evenementen als Kerstmis, Nieuwjaar en Valentijnsdag extra benadrukt worden. 'Food en beverage zijn heel belangrijk voor de inkomsten van een hotel', aldus Youri. 'We gaan op zoek naar een goede chef die een mooie kaart kan samenstellen. Bij ons moet je bourgondisch kunnen eten, wat wil zeggen dat er voldoende eten op je bord ligt. Belgen zijn geen mensen van kleine hapjes, ze willen voldaan van tafel komen. Er moet veel vis op het menu staan, dat is een absolute vereiste aan de kust. Een goede

CONTI
CONTI
Xeos

Bruno en Youri werkten ooit op het filmfestival van Cannes en daar bewaren ze heel mooie herinneringen aan. Youri was barman in de cocktailbar en mocht grote sterren als Angelina Jolie en Brad Pitt hun drankjes serveren, Bruno zorgde voor de security. 'We gingen regelmatig naar feestjes', vertelt hij. 'Dan stond je daar wat te drinken en merkte je plots dat Béyoncé of Mike Tyson naast je stond. Dat is kicken natuurlijk!'

wijnkelder rondt het geheel af. Dat is niet de grootste investering, maar je kunt er wel mee scoren bij je gasten.'

Youri en Bruno overwegen om ook studenten van hotelscholen een kans te geven in hun keuken. 'Studenten zijn goedkoper, maar vaak heel gemotiveerd en sommigen kunnen echt fantastisch koken. Uiteraard worden ze van tevoren door ons en een team van mensen uit het vak getest.'

DE PERFECTIONISTEN

'Een hotel is een sociaal gebeuren waar mensen zich thuis moeten voelen. Aandacht voor details is daarbij heel belangrijk', aldus Bruno. 'Je gasten vriendelijk begroeten en daarbij hun familienaam gebruiken, dat zijn de kleine dingen waarmee je toont dat je interesse hebt. Daarnaast zorgen we ervoor dat mensen de gelegenheid krijgen om uit te rusten. We denken aan massages en wellness die we in het hotel zelf of in samenwerking met een zaak uit de buurt aanbieden. Het is iets waar we zelf steeds naar op zoek gaan als we met vakantie zijn en het kan echt een meerwaarde betekenen voor het hotel.'

De ervaringen met de jury en de andere kandidaten zijn overwegend positief. De kandidaten vormen een hechte groep en het zal moeilijk zijn om afscheid te nemen van de andere koppels. 'Natuurlijk is het wennen aan de camera's', aldus Bruno. 'Er hangen voortdurend drie mensen om je heen en je draagt de hele tijd een microfoontje. Je moet dus een beetje letten op wat je zegt en doet!'

'Mij lukt het niet om de eenvoudigste dingen uit te voeren als de camera's op mij gericht zijn', lacht Youri. 'Ik moest bijvoorbeeld koffie maken – iets wat normaal geen enkel probleem vormt – en plots werd dat een helse opdracht die voortdurend mislukte. Gelukkig stelt de cameraploeg je steeds op je gemak. De jury is andere koek. Thierry Jousse is een vriendelijke kerel, maar Viki Geunes is strenger. Isabelle Cheyns is dan weer wat afstandelijker. We zijn natuurlijk blij met de tips die ze ons geven. Nu is dit nog een spel, maar wie straks *Het Hotel* wint, moet het helemaal alleen kunnen uitbaten!'

Hun sterkste troeven om de overwinning binnen te halen, zijn naar eigen zeggen 'perfectionisme' en 'maniakaal met het spel en het hotel bezig zijn'. De twee willen *Het Hotel* winnen en zijn van plan om alle registers open te trekken.

NEW YORK TIMES
5TH
Rockefeller
Greenwich Village
CENTRAL PARK
7TH AVENUE
BROOKLYN BRIDGE
PARK AVE ROOSEVELT
Columbus Circle
Union Square

Sole al Pantheon, Rome

'Hotelkamers gaven Sartre het gevoel niets te bezitten...'

Mowgli in het *Jungleboek*. Kipling werd een van de grootste schrijvers en dichters van zijn tijd. Hij begon met het schrijven van reisverhalen voor Indiase kranten, maar het waren zijn literaire werken die hem in 1907 de Nobelprijs voor de Literatuur opleverden. In 1889 overnachtte hij in het Raffles Hotel in Singapore, 'een hotel waar het eten even goed is als de kamers slecht zijn', aldus Kipling. Raffles was op dat moment een toevluchtsoord voor avonturiers: Britten in witte tropenhelmen die tegen elkaar opschepten over de tijgerjacht van die dag en die zich bezatten met *Singapore Slings* terwijl hun vrouwen er uit pure verveling een autochtone minnaar opna hielden. Dankzij beroemde gasten als Kipling groeide de herberg uit tot een van de beroemdste hotels ter wereld. De kamers zijn intussen een stuk luxueuzer dan in de tijd dat de schrijver er zijn mening over gaf.

De Franse schrijver **Jean-Paul Sartre** en zijn vriendin-schrijfster **Simone de Beauvoir** beweerden geen koppel te zijn, maar ze reisden wel samen de wereld rond. Een maand per jaar zochten ze de rust en discretie op van hotel Sole al Pantheon in Rome. Sartre was dol op de anonimiteit van hotelkamers. Ze gaven de filosoof-schrijver het gevoel

'niets te bezitten'. Sartre verkoos de 'rustige' kamer die uitkeek op de binnenplaats en was dol op het Romeinse hotel, van waaruit hij anoniem de stad kon verkennen. Het Sole al Pantheon is nog steeds een schitterend hotel aan een van de mooiste pleinen van Rome. De geschiedenis van het oord gaat terug tot 1467, wat het tot een van de oudste hotels ter wereld maakt.

Laten we je ten slotte het wat vreemde verhaal van **Agatha Christie** niet onthouden. Dat is voor eeuwig verbonden met het Pera Palas-hotel in Istanbul. In 1926 verdween de schrijfster elf dagen spoorloos. Toen ze weer opdook, beweerde ze zich niet meer te herinneren wat er gebeurd was. In 1979 beslist Warner Bros om een film te maken over deze merkwaardige verdwijning. Christie was op dat moment al enkele jaren overleden, dus moesten ze het doen met bij elkaar gesprokkelde informatie. Omdat het script aan alle kanten rammelde, werd de hulp ingeroepen van medium Tamara Rand. Zij moest op zoek gaan naar details om het verhaal geloofwaardiger te maken. Rand nam haar taak heel ernstig en kwam met volgende boodschap op de proppen: 'De sleutel van het mysterie van mijn verdwijning ligt in het Pera Palas in Istanbul.' De pers slikte het verhaal als zoete koek. De hoteleigenaar, die best wat extra cash kon gebruiken, verkocht het exclusieve verhaal aan de *New York Times* voor 75.000 dollar. Er werd inderdaad een sleutel gevonden onder de planken van een kamer, maar daar stopte de ontrafeling van het mysterie. Een jaar later vond men namelijk nog een sleutel op een kamer die een etage hoger lag. Het mysterie werd nooit opgelost – daarvoor hebben we waarschijnlijk Agatha in hoogsteigen persoon nodig – maar het hotel werd een aantrekkingspool voor heel wat groten op aarde en mocht onder andere Mata Hari, Aristoteles Onassis en heel wat spionnen tot haar gasten rekenen. Het mysterie van Pera Palas werd tot op de dag van vandaag niet opgelost...

'Agatha Christies verdwijning in 1926 is onlosmakelijk met het Pera Palas verbonden.'

In de buurt van

PLEKJES NATUURSCHOON

Ondanks de bouwwoede van de jaren zeventig en tachtig zijn er vlak bij de badplaats Westende nog enkele prachtige stukjes natuurschoon te bewonderen. Iets verder weg kun je uren fietsen en wandelen door ongerepte natuur.

De **Warandeduinen** – een duinencomplex tussen de Koninklijke Baan en de Miamiwijk ten zuidwesten van Middelkerke – zijn jong en kalkrijk. Hier bloeit het kalkbedstro nog welig en kijkt de internationale wetenschapswereld verwonderd naar de liggende asperge, die alleen hier goed gedijt. Het reservaat is verdubbeld in oppervlakte en bedraagt nu ongeveer dertig hectare. Het is een thuis voor twee bedreigde vlindersoorten: de heidevlinder en het bruin blauwtje. De duinen zijn enkel toegankelijk tijdens begeleide wandelingen, maar je kunt een goed uitzicht krijgen op het reservaat vanaf de verharde paden die dit gebied doorkruisen.

Het Hotel

De **Schuddebeurze** ligt ten oosten van de dorpskom van Lombardsijde en is deel van een oud binnenduincomplex. Dit gedeeltelijk beschermde landschap is uniek door de zure kopjesduinen en duinheidevegetatie, die nergens anders aan de Belgische kust voorkomen. Op andere delen vind je er grondwaterafhankelijke schraalgraslandvegetatie als waternavel en tormentil. Door dit gebied stroomt een unieke duinbeek - de Schuddebeurzebeek - met een aantal drinkpoelen, waar onder andere de kamsalamander zijn dorst gaat lessen. Samen met de oude marinebasis van Lombardsijde is dit het laatste bolwerk van de zangvogel de tapuit in Vlaanderen. Het gebied is deels vrij en deels met een gids toegankelijk.

Het hinterland van Middelkerke en haar zeven deelgemeenten leent zich uitstekend voor wandelingen. De toeristische dienst stippelde een zestal wandelingen uit van zes tot tien kilometer door het mooie hinterland. Voor meer informatie over het Polderpad, het Hoevepad, het Bamburgpad, het Flerispad, het Yselandpad en het Scorapad kun je terecht bij het plaatselijke toerismekantoor.

Wandelend door de polders zie je op heel wat plaatsen bijzondere hoeves liggen. De **Schoorbakkehoeve** in Schore werd vroeger de Knuydtswalle genoemd. Rond de hoeve lagen een wal en een brede sloot, waarvan nu alleen nog de stenen toegangspoort te zien is. Het gebouw dateert uit 1176 en is gebouwd in hoefijzervorm, een typisch Saksische stijl. Tot de Franse Revolutie was ze in bezit van de Sint-Niklaasabdij uit Veurne. Later kwam ze in handen van heel wat verschillende eigenaars en tijdens de oorlog van 1914-'18 werd de hoeve volledig verwoest. Nadien werd ze bewoond door verschillende pachters.

'Fleris, de watergeest die meiden en knechten pestte, waart hier nog altijd rond.'

In 1971 werd gestart met hoevetoerisme en sindsdien kun je op de hoeve blijven slapen. Wandelaars kunnen terecht in deze 'Parel van Schore' voor een hapje en een drankje.

> Schoorbakkehoeve, Schorestraat 61, 8433 Schore

In Wilskerke ligt de **Fleriskothoeve**, een bijzondere hoeve met een Friese schuur. Fleris was een watergeest die niets liever deed dan knechten en meiden pesten. De pastoor gaf de boer en de boerin de raad om Fleris pap met look te geven. Hij zou dan wel vertrekken. Diezelfde avond gaven ze hem de vieze pap, maar Fleris proefde het en riep: 'Pap met look! Fleris verhuist en het geluk ook!' Fleris verdween, maar diezelfde nacht brandde de hoeve af. Pas op dat je Fleris op het naar hem genoemde Fleriswandelpad niet tegenkomt!

> Fleriskothoeve, Fleriskotstraat 92, 8431 Wilskerke

In Middelkerke zelf is het **Spermaliehof** een bezoekje waard. Iets voor 1200 stond hier een klooster van de orde van Citeaux. De zusters deden er aan landbouw en polderden grote stukken grond in. In de 13de eeuw verhuisden ze naar Sijsele. In 1920 werd op dezelfde plaats de Spermaliehoeve opgericht, een schilderachtige polderhoeve met een monumentale toegangspoort waarop het schild en het bouwjaar zijn aangebracht. Rond een vierkant erf staan verschillende gebouwen gegroepeerd. De hoeve wordt nu als vakantieverblijf uitgebaat en elk jaar geeft Willem Vermandere hier een concert.

> Spermaliehof, Bruggesteenweg 41, 8430 Middelkerke

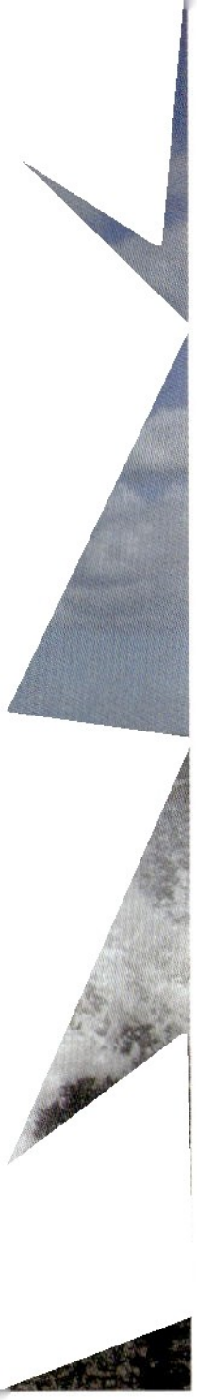

Kamer

net ontbijt

Collega's met klasse op elke plek

Martina Verplancke

Martina Verplancke kent alle honderdtachtig medewerkers van het Hotel Amigo. Als Quality & Training Manager heeft ze de taak om ervoor te zorgen dat al het personeel doordrongen is van de hoge eisen en verwachtingen die een vijfsterren luxehotel stelt. Martina studeerde internationale betrekkingen en kwam eerder toevallig in het hotelwezen terecht. Haar baan als Quality & Training Manager is redelijk uniek in deze sector. 'Ik bereken geen lonen en houd me niet bezig met de administratieve aspecten van het personeelsbeleid', vertelt ze. 'Het is mijn taak om ervoor te zorgen dat het juiste personeel wordt aangeworven, dat ze goed worden ontvangen, dat ze regelmatig trainingen krijgen en dat ze doordrongen worden van de filosofie van dit hotel. Dat valt allemaal heel mooi samen onder de noemer *people development*.'

'Iemand die in Hotel Amigo wil werken, moet zich kunnen aanpassen.'

Wie een sollicitatiebrief naar het Hotel Amigo stuurt, kan erop rekenen dat Martina hem als eerste leest. Komt de sollicitant in aanmerking voor een baan in het hotel, dan wordt de brief doorgegeven aan de afdelingsverantwoordelijke. 'Ik weet van bij het lezen van de brief welk vlees ik in de kuip heb', vertelt Martina. 'Achter een mooi verzorgde brief gaat vaak eenzelfde persoonlijkheid schuil. Een verfrommelde, onafgewerkte brief waar weinig tijd is in gestoken, zal ik uit beleefdheid beantwoorden, maar verder besteed ik er geen aandacht aan.'

De sollicitanten die worden uitgenodigd voor een gesprek komen eerst bij haar terecht. Martina heeft vooral een scherp oog voor de algemene houding van iemand die bij haar binnenkomt. 'Iemand die hier wil werken moet zich kunnen aanpassen', legt ze uit. 'Je ziet meteen aan de manier waarop iemand de kamer binnenwandelt en je een hand geeft of hij/zij een geschikte medewerker voor het hotel kan zijn. Mensen die hier werken moeten zin hebben om te geven, om anderen een plezier te doen. Die basishouding geldt voor iedereen – van de afwasser tot de manager. Het Hotel Amigo is nu eenmaal niet zomaar een hotel en je moet het waard zijn om deel te mogen uitmaken van deze familie.'

> *TIPS VAN MARTINA*

Het is niet altijd eenvoudig om te weten in wat voor hotel je terechtkomt bij een reservatie. Martina raadt daarom aan om de reservatie telefonisch te maken in plaats van via het internet. Door te telefoneren heb je een eerste contact met het hotel en voel je meteen of er op een prettige manier met gasten wordt omgesprongen. Een volgende controle betreft de 'serieuze' zaken. Stuurt het hotel tijdig een bevestiging en worden alle details vermeld waar je naar gevraagd hebt? Gebruiken ze een mooie presentatie? Zijn alle gegevens op de offerte correct? Het zijn kleine zaken die een bepaalde kwaliteit uitdrukken en al veel zeggen over het totaalpakket.

'We willen geen robotten die voortdurend in herhaling vallen.'

Als je bent aangenomen in het hotel, zorgt Martina voor een introductiedag waarop je helemaal wordt ondergedompeld in de sfeer van het hotel. De nieuwe werknemers krijgen uitleg en er wordt een aantal basisrichtlijnen vastgelegd. Heel wat hotels gebruiken een dergelijke 'standaard', maar in de hotels van de Rocco Forte Collection ligt de nadruk anders. 'In de standaard staan een aantal dingen beschreven die we van ons personeel verwachten', aldus Martina. 'Ze moeten bijvoorbeeld de gasten begroeten bij het binnenkomen. In de standaard staat echter niet hoe je dat moet doen. We willen hier geen robotten die allemaal hetzelfde doen en voortdurend in herhaling vallen, zoals je dat in sommige grote hotels wel ziet. Onze mensen moeten zichzelf blijven, het moet uit hun hart komen.'
In die standaard staat bijvoorbeeld ook beschreven wat er verwacht wordt qua kledingstijl van de personeelsleden. 'Onze medewerkers moeten uiteraard goed gekleed zijn,' zegt Martina, 'maar we vertellen er ook heel duidelijk bij dat we geen concurrentie met onze gasten op het vlak van mode willen. Het moet niet saai zijn, maar het mag zeker niet uit de band springen.'

Martina amuseert zich goed in dit hotel. Ze begon als directieassistente, maar het is in haar baan van Quality & Training Manager dat ze zich helemaal kan uitleven. In het hotel worden regelmatig trainingen georganiseerd voor de medewerkers. Dan gaat ze op zoek naar nieuwe technieken om het teamwork nog beter te laten verlopen. Een techniek die volgens haar erg goed werkt, is het kleurenkwadrant van Karl Yung. Aan de hand van een vragenlijst wordt je plaats in het kwadrant bepaald. Die plaats geeft op een as aan of je eerder introvert of extravert bent en op een andere as of je berekend en rationeel of impulsief bent. 'Het is de bedoeling om in elk team mensen van verschillende kleuren te zetten', vertelt Martina enthousiast. 'Een geel persoon bijvoorbeeld, is extravert, eerder impulsief en iemand die van feesten houdt. Het zijn echte gangmakers die iedereen enthousiast kunnen krijgen, maar als je enkel "gelen" in je team hebt, zou het werk blijven liggen. We werken al een tijdje met dit systeem en het gaat echt goed.

Onze werknemers weten van elkaar welke kleur ze zijn en houden daar rekening mee. Een groen iemand benader je anders dan iemand die naar blauw of rood neigt. Het is weliswaar geen zaligmakend instrument, maar het heeft zeker voordelen. We gebruiken het zelfs om gasten te benaderen. Vaak zie je meteen welk type een gast is. Door hem op een bepaalde manier aan te pakken, lukken de zaken vaak beter.
Met personeel uit alle uithoeken van de wereld, kunnen we beter tegemoet komen aan de wensen van onze internationale gasten. Professionaliteit is het uitgangspunt en we verwachten dat onze mensen ongedwongen met elkaar en met de gasten omgaan. Het menselijke aspect staat altijd op de voorgrond.'

Alle medewerkers wordt geleerd om proactief te denken. 'Dat betekent: aan de eisen van de gast voldoen nog voor hij erom gevraagd heeft. Je kunt bij een huwelijksverjaardag bijvoorbeeld al raden dat deze mensen graag ontbijt op bed krijgen. Kinderen vinden een klein cadeautje dat aangepast is aan hun leeftijd altijd plezierig. Als iemand helemaal natgeregend binnenkomt, geven we hem een handdoek en brengen we alvast een kopje warme chocolademelk naar de kamer. Het zit in 1001 kleine dingen. Het is kwaliteit die niets kost, maar die wel recht uit het hart moet komen.'

Twee keer per jaar wordt het hotel bezocht door mystery guests. Medewerkers die hun job goed deden, worden daarvoor beloond. 'Het Hotel Amigo is een familie, er is een gevoel van samenhorigheid', vertelt Martina. 'Elke werknemer staat ten dienste van het hotel en de gasten en is fier op het werk dat hij of zij doet. Het is mijn taak om die trots te onderhouden op alle niveaus. Wie trots is, heeft meer zelfvertrouwen en geraakt bijvoorbeeld niet onder de indruk van bekende of beroemde mensen. Veel van onze medewerkers zijn al ruim vijftien jaar in dienst. Dat is veelbetekenend, want in de horeca komt een dergelijke trouw niet vaak voor. Die ervaren mensen zijn een rijkdom voor het hotel. Zij kennen heel wat van onze gasten en de gasten kennen hen. Dat schept een band waardoor mensen zich thuis voelen. Het is een echte win-winsituatie.'

'Als je natgeregend binnenkomt, brengen we warme chocolademelk naar je kamer.'

Ingrediënten VOOR 4 PERSONEN

1 ei
2 dl melk
suiker
de geraspte schil van ½ sinaasappel en ½ citroen
4 sneetjes briochebrood
boter
½ mango
½ papaja
¼ ananas
6 passievruchten
citroenverbena
100 g Griekse yoghurt

Bereiding

Roer het ei los met de melk, 20 g suiker en de geraspte schil. Haal de sneetjes brood door het eiermengsel en laat ze even uitlekken.

Verhit wat boter in een pan en bak het brood aan beide kanten goudbruin. Bestrooi de gebakken kanten met wat suiker en laat het 'pain perdu' even karamelliseren.

Snijd de mango, papaja en ananas in dobbelsteentjes en roerbak ze heel kort. Voeg er 30 g suiker aan toe. Haal het vruchtvlees uit de passievruchten en voeg dat bij de rest van het fruit. Werk af met wat fijngesneden citroenverbena.

Serveer de yoghurt met het brood en geef er de fruitige stir-fry bij.

Passion fruit stir-fry en pain perdu

Ingrediënten VOOR 4 PERSONEN

***100 g girolles** (ook cantharel, hanenkam of dooierzwam genoemd)*
boter
4 kakelverse scharreleieren
zeezout
versgemalen peper
30 g zuring
olijfolie
citroensap
100 g handgepelde grijze garnalen
witbrood in reepjes gesneden

Bereiding

Maak de girolles schoon en bak ze kort in wat boter.

Vet vuurvaste potjes in met boter en verdeel er de gebakken girolles over. Breek in elk potje een eitje en kruid het met zeezout en versgemalen peper.

Laat de eieren 10 minuten garen in een voorverwarmde oven op 150 °C.

Snijd de zuring fijn en breng op smaak met olijfolie, citroensap en peper en zout. Haal de potjes uit de oven en werk ze af met een lepel garnalen en wat zuring. Serveer met klassieke 'soldaatjes' van geroosterd witbrood.

Een eitje

Ingrediënten VOOR 4 PERSONEN

15 verse vijgen
100 g suiker
4 eetlepels rodewijnazijn
1 kaneelstokje
1 steranijs
1 laurierblaadje
200 g Brocciu de Corse
(schapenkaas)
8 sneetjes roggebrood
notenolie
50 g selder
50 g jonge spinazieblaadjes
50 g amandelen, geraspt

Bereiding

Schil de vijgen en stoof ze tot compote met de suiker, de rodewijnazijn, het kaneelstokje, de steranijs en de laurier.

Haal de korst van de schapenkaas en snijd hem in plakjes. Rooster het brood en beleg het met de kaas.

Besprenkel de schapenkaas met wat notenolie. Snipper de selder fijn en verdeel hem over de kaas. Zet het brood onder de grill tot de schapenkaas lauw is.

Werk af met enkele blaadjes jonge spinazie en wat geraspte amandelen en serveer met de lauwe vijgencompote.

Roggebrood met vijgen en schapenkaas

Ingrediënten VOOR 4 PERSONEN

350 g bloem
30 g gist
1,5 dl melk
20 g suiker
6 g zout
50 g zachte boter
30 g olijven
30 g gekonfijte paprika
200 g Iberische ham in plakjes
olijfolie

Bereiding

Doe de bloem in een grote kom en maak een kuiltje in het midden. Los de gist op in de lauwe melk.

Giet de melk met de gist in het kuiltje en doe er de suiker bij. Strooi het zout aan de buitenkant, en zorg dat het niet in aanraking komt met de gist. Kneed tot een glad deeg. Doe er als laatste de zachte boter bij en kneed goed door.

Hak de olijven en de paprika in stukjes en kneed ze door het deeg. Doe de cake in een beboterd bakblik en laat anderhalf uur rijzen op kamertemperatuur. Bak de cake 30 minuten in een voorverwarmde oven op 160 °C.

Haal de ham uit de koeling en laat hem op kamertemperatuur komen. Serveer met enkele druppels olijfolie en plakken lauwe briochecake.

Briochecake met olijven en paprika en Iberische ham

Svenya & Mathias

Ze zijn jong en enthousiast. Eigenlijk kunnen Svenya en Mathias nog altijd niet geloven dat ze geselecteerd werden voor *Het Hotel*. 'Maar dat betekent niet dat we het als een spel beschouwen', waarschuwt Svenya. 'We willen dit hotel net zo graag als de andere kandidaten!'

JONGE DOORBIJTERS

Ze ontmoetten elkaar vijf jaar geleden op school, waar ze woordkunst en drama volgden. Het klikte meteen en dus gingen ze na hun middelbare studies samen communicatiemanagement studeren. *Het Hotel* zette hun studies een paar maanden op pauze, maar ze vinden het een te mooie kans om te laten liggen.

Ze zijn weliswaar allebei pas negentien, maar dat betekent niet dat ze geen ervaring hebben in de horeca. Svenya begon ooit 'in de diepvries van de supermarkt', maar vond intussen een baantje in een café. Mathias werkt regelmatig in restaurants, zowel in de zaal als in de keuken.

'Beeld je in: hier logeerden ooit koningen!'

Het duo zag de aankondiging voor *Het Hotel* tijdens een studielunch. 'We zaten met vijftien studenten aan tafel en ik zei wat lacherig dat het misschien iets voor ons was', herinnert Mathias zich. 'Het idee bleef plakken en uiteindelijk schreef Svenya een brief. Tot onze grote verbazing waren we bij de laatste vijf kandidaten. Ze gingen voor ons doorzettingsvermogen, onze wilskracht en ons enthousiasme, vermoed ik.'
Svenya en Mathias zijn niet bang om de handen uit de mouwen te steken, zeker niet als ze mogen doen waar ze zin in hebben. Ze vinden het minder prettig om gecommandeerd te worden, dus een eigen zaak is helemaal hun ding. Dat is financieel een onhaalbare kaart, maar door een programma als *Het Hotel* zou die droom wel eens waarheid kunnen worden.

BUITEN DE LIJNTJES

Het duo heeft weinig voeling met de kust, maar ze zijn helemaal gewonnen voor De Rotonde. 'Dit prachtige gebouw spreekt ons enorm aan. Het ademt geschiedenis. Beeld je in: hier logeerden ooit koningen! Bovendien is het prachtig gelegen want in elke kamer kijk je uit over de Noordzee. Er is veel werk aan het interieur, maar het moet een sterke constructie zijn, want het heeft twee oorlogen overleefd.'

Op modellenreis in Djerba deelde Svenya ooit de kamer met een aantal andere meisjes. Ze moesten zo veel mogelijk uit de zon blijven en spendeerden dus veel tijd in de hotelkamer. 'Het was een puinhoop', vertelt ze. 'Overal lagen vuile kleren. Na onze eerste shoot kwamen we binnen en had de schoonmaakploeg alles in vogeltjes en beertjes gevouwen, zelfs onze vuile spullen. Er lag wel een briefje klaar dat ze de volgende keer de vuile sokken niet meer wilden vouwen...'

Het seizoensgebonden karakter van de kust willen ze counteren met allerlei evenementen om toeristen te lokken. In dat kader zijn ze ijverig op zoek naar informatie over Westende zodat ze optimaal geïnformeerd zijn. 'Het is een voordeel dat we nog niet denken in een vast stramien', zegt Mathias. 'De oplossingen die wij bedenken zijn vaak verrassender en origineler dan die van de andere kandidaten. Wat we missen aan ervaring en levenswijsheid, wordt ruimschoots goedgemaakt door het feit dat we nog buiten de lijntjes durven kleuren.'
Met hun verfrissende visie wonnen ze in elk geval de eerste proef, waardoor ze een verwenweekend in een luxehotel mochten meemaken. 'Ik ga over lijken bij de opdrachten', zegt Svenya. 'We doen mee om te winnen en we zullen het uiterste van onszelf geven. Dat wil niet zeggen dat we conflicten in de groep veroorzaken. De andere koppels zijn superschatten! Marc zorgde bijvoorbeeld spontaan voor warme chocolademelk toen we op het strand stonden te koukleumen. We hebben respect voor iedereen, maar het blijft natuurlijk een spel. We weten wanneer er gelachen mag worden en wanneer het bittere ernst wordt.'

Svenya en Mathias weten zich gesteund door hun ouders en een heleboel vrienden en kennissen uit hun omgeving. Als ze *Het Hotel* winnen, kunnen ze rekenen op de ervaring van mensen uit het vak. Dat Svenya door de reeks misschien op de interesse van aanbidders mag rekenen, laat haar koud. 'Ik ben een gewoon meisje dat 's ochtends witte boterhammen met choco eet', lacht ze. Ze voelen wel aan dat ze de overwinning niet in hun schoot geworpen krijgen. De jury is streng en afstandelijk en maakt het hen vaak niet gemakkelijk. Bovendien zijn ze er nog niet uit hoe ze de aankleding van het hotel willen aanpakken. Vooral de kleuren zijn een twistpunt. 'Tijdloze kleuren' betekenen wat anders voor Svenya dan voor Mathias. Ze zijn het wel eens over een jong en strak design, ook al gaat daarbij de authenticiteit van het gebouw wat verloren. 'We willen er geen familiehotel van maken', zegt Mathias beslist. 'Ik word zenuwachtig van jengelende kinderen die overal aanzitten. In een hotel moet je rust vinden.'
Ze leggen uit dat 'mode' - in de ruime betekenis van het woord - een grote rol speelt in hun concept. 'Mode is een manier om je te uiten. Je kleding verschilt naargelang je humeur. In een hotel is dat net zo. We integreren mode letterlijk in het hotel door te werken met oude foto's uit tijdschriften als Vogue. In de meer figuurlijke zin bieden

porta brace

we "mode" aan door verschillende kamers beschikbaar te stellen. Er moet een lounge-ruimte met een hoog "zengehalte" zijn waar je helemaal tot rust komt en waar je je plannen voor de volgende dag kunt bespreken, maar er moeten ook ruimtes zijn voor actieve dingen. Het is belangrijk dat je je op elk moment goed voelt en dat je altijd een andere ruimte kunt opzoeken - net zoals je andere kleren kunt aantrekken.'

HET KLOPPENDE HART VAN *HET HOTEL*

Hun personeel moet jong en dynamisch zijn, mensen met wie ze 's avonds nog kunnen gaan stappen. 'Ik kan me niet voorstellen dat ik aan mensen die veel ouder zijn dan ik bevelen uitdeel', lacht Svenya. 'Mensen die voor ons werken, moeten in de eerste plaats hun best doen, maar ik zou het prettig vinden als we met hen een vriendschapsband kunnen opbouwen.'

De receptie wordt het kloppende hart van het hotel. 'Van daaruit vertrekt alles', aldus Mathias. 'Je wordt er ontvangen, je kunt er terecht voor verse lakens en een praatje en de klachten of complimenten komen meestal daar terecht. Het is een belangrijke plek in een hotel. Een hotelrestaurant is een absolute must. Als gasten vermoeid van een reis aankomen, willen ze niet meer op zoek moeten gaan naar een restaurant. We willen een uitgebreid menu aanbieden met heel veel smaken. Garnaalkroketten naast sashimi, zeg maar. De kaart moet regelmatig aangepast worden aan de wensen van de gasten. We zoeken een chef om ons daarbij te helpen, maar we zijn er niet vies van om zelf onze handen uit de mouwen te steken. Dat geldt voor het hele hotel. Het is niet omdat je een managementfunctie hebt, dat je niet kunt bijspringen in de keuken of op de kamers.'

De droom van Svenya en Mathias gaat overigens nog veel verder dan dit hotel. 'Het zou fantastisch zijn om een hotelketen te hebben in verschillende landen met diverse culturen. Steden, kustgebieden, het platteland... Op die manier heb je alles in je pakket. Maar laat ons nu eerst proberen om de eerste horde te nemen. Als we die halen, hebben we nog tijd genoeg om al onze andere plannen uit te voeren!'

Het

hotelrestaurant

Eten en drinken op topniveau

Hamlet Ramirez

Hamlet Ramirez is een enthousiast verteller. Zijn passionele redevoering wordt onderstreept met felle gebaren, wat waarschijnlijk te wijten is aan zijn Spaans-Cubaanse roots. Een Vlaamse vrouw en het feit dat België een gastronomisch wereldcentrum is, brachten hem naar Brussel. 'Dit is een fantastische plaats om te wonen als je van eten en drinken houdt', vertelt hij. 'Culinair heeft België ontzettend veel te bieden.'

Hamlet zit al negentien jaar in de hotelwereld. Hij begon weliswaar als student elektromechanica aan een universiteit in Cuba, maar merkte dat zijn hart elders lag. Passioneel als hij is, koos hij voor zijn droom en schreef hij zich in aan de hotelschool. 'Ik wou kok worden omdat ik heel graag met eten bezig ben,' vertelt hij, 'maar dat

was een misrekening. De keuken was niet mijn biotoop. Te klein en te warm. Ik heb sociaal contact nodig, ik moet kunnen praten met de mensen. In een keuken heb je alleen je collega's.' Het kostte hem wat moeite om de directie te overtuigen, maar het lukte hem om de richting hotelmanagement te volgen. Die studie legde hem geen windeieren. Hij werkte in grote Cubaanse hotels, zag als verantwoordelijke voor de bar op cruiseschepen een groot stuk van de wereld en belandde uiteindelijk in Mallorca bij een nieuwe hotelketen die hij hielp groeien. Daar ontmoette hij zijn vrouw, met wie hij naar Brussel kwam.

Het was zijn liefde voor *single malts* waardoor hij bij het Hotel Amigo terechtkwam: 'Ik kwam hier solliciteren en wou alles over het hotel weten. Uiteraard ging ik op zoek naar informatie. Op de website las ik dat er een ontzettend grote collectie *single malts* verkrijgbaar was in de bar.' Lachend zegt hij: 'Toen wist ik dat het Hotel Amigo mijn nieuwe thuis zou worden...'

Hamlet werd Food & Beverage Manager van het hotel en is in die functie verantwoordelijk voor ruim zeventig medewerkers. De bar, de ontbijtservice, het restaurant

'De liefde voor single malts bracht me bij Hotel Amigo...'

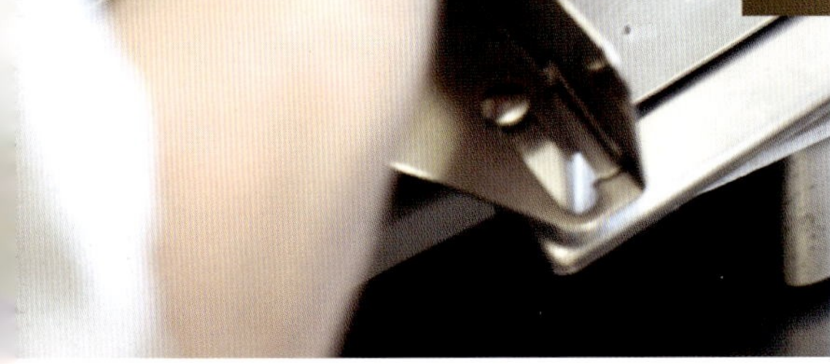

'Mijn team is een menselijk kapitaal van onschatbare waarde.'

Bocconi, de roomservice, de minibars, de banketten en een cateringservice voor een handvol speciale gasten vallen onder zijn verantwoordelijkheid. 'Zonder mijn team sta ik nergens', vertelt hij. 'Ze vormen een menselijk kapitaal van onschatbare waarde omdat ze mee instaan voor de service en veiligheid van onze gasten. Ik kan het me niet veroorloven dat mijn medewerkers met producten knoeien en ik moet op hun volledige toewijding kunnen rekenen. Dat vertrouwen is belangrijk voor mijn team. Ze zetten zich tweehonderd procent in voor onze gasten.'
Het restaurant Bocconi kreeg de titel van Beste Italiaanse Restaurant van Brussel. Chef Vincenzo Regine, Meesterkok van België 2008, kookt er authentieke Italiaanse specialiteiten. 'We kozen voor Italiaans omdat er in Brussel al heel wat fantastische Belgische restaurants zijn', legt Hamlet uit. 'Restaurant Bocconi is een uniek restaurant. De chef kookt er voornamelijk met puur Italiaanse ingrediënten. Bocconi is een toprestaurant.' Natuurlijk kent Hamlet zowat alle restaurants in de stad en kunnen gasten die pakweg Chinees, Afrikaans of Mexicaans willen eten bij hem terecht voor informatie.

Hamlet wijst op de kaart in de bar de 'Belgian Tea Time' aan. Hij werkte voor diverse Engelse bedrijven, waar in de namiddag een uitgebreide thee werd geserveerd. 'Jullie hebben hier de beste patisserie, maar er bestond geen ceremonie om ze in de namiddag te serveren', aldus Hamlet. 'Ik vond een Belgische Tea Time uit met heerlijke gebakjes en versnaperingen.'

Wie om vier uur liever in de cocktails vliegt, moet een keertje de andere 'uitvinding' van Hamlet uitproberen: het martiniconcept. 'Een martini is de eenvoudigste cocktail die er bestaat,' legt hij uit, 'maar het is meteen ook de moeilijkste om te maken. Het is een kwestie van de juiste verhoudingen drank met elkaar te mengen. De martini die we hier serveren met Pedro Ximénez krijgt volgens mij de goedkeuring van God in hoogsteigen persoon.'

Dit verhaal speelde zich af op oudejaarsavond in een hotel in het zuiden. Die avond zat het hotel helemaal vol. Elke stoel in het restaurant was bezet en in de bar was er een feest met hapjes en drankjes. In de late namiddag riep de directeur van het hotel Hamlet bij zich en vertelde hem dat er vijfendertig extra reservaties waren. Een restaurant uit de buurt had onverwacht de deuren gesloten.

Hamlet Ramirez stond met de handen in het haar. Er was geen plaats meer in het hotel en ze hadden enkel eten voor de gasten die er al waren. Daarbij kwam dat alle zaken uit de buurt hun deuren al gesloten hadden en ze niet meer aan extra ingrediënten geraakten. Na wat nadenken besliste Hamlet om het gezelschap in de lobby te installeren. Hij liet alle diensten van het hotel tafels verzamelen en zette ze in een groot vierkant. Stoelen had het hotel wel op voorraad. De eerste horde was genomen, maar er zouden die avond nog veel hindernissen volgen.

Een tweede probleem was de keuken en het keukenpersoneel. De gewone keuken was al overbezet, maar gelukkig was er een aparte kookruimte voor roomservice. Helaas kon de chef niet op twee plaatsen tegelijk zijn en dus zat er voor Hamlet niets anders op dan zelf een keukenschort voor te binden en achter de fornuizen te gaan staan. Er werd een eenvoudig viergangenmenu uitgedokterd dat ze met een minimum aan mankracht bereidden in een race tegen de tijd. Om de gasten bezig te houden ging Hamlet op zoek naar een gitarist en een zangeres. Hij leende hen van een ander hotel en in ruil betaalde hij alle kosten van het bandje, ook die van het andere hotel.

Uiteindelijk verlieten alle gasten tevreden het hotel en poetste Hamlet om vijf uur de keuken, die om zes uur klaar moest zijn voor de voorbereidingen van het ontbijt.

In een hotel worden soms kleine wonderen verricht. Op een dag werd een zaal in het Hotel Amigo gereserveerd voor een lunch van honderd personen. Contractueel werd vastgelegd dat het gezelschap de zaal ten laatste om 13u30 moest ontruimen. De organisatie van het evenement bleef echter beslissingen veranderen en bijsturen, zodat het team van Food & Beverage alle zeilen moest bijzetten om alles in orde te krijgen.

Wonder boven wonder liep alles van een leien dakje, maar helaas hadden de wijzigingen voor vertraging gezorgd en liep het evenement een kwartier uit. De volgende groep was intussen gearriveerd en werd aan de praat gehouden met champagne en hapjes.

Hamlet Ramirez wist dat er eigenlijk geen tijd meer was om alles op orde te krijgen, maar speelde het met zijn team klaar om het onmogelijke te doen. Gelukkig kwam de nieuwe groep wat later aan, waardoor er tijd gewonnen werd. In pak en das maakte Hamlet een praatje met de nieuwe groep, om zich vervolgens te verontschuldigen, naar de zaal te spurten en daar in hemdsmouwen mee de grond schoon te vegen en tafels klaar te zetten.

Al het beschikbare personeel werd opgetrommeld. Het duurde uiteindelijk minder dan vijf minuten om de hele zaal volledig schoon te maken en opnieuw in te richten. 'Het voelde alsof ik twee keer de honderd meter op de Olympische Spelen had gelopen', vertelt Hamlet. 'Ik dacht dat ik mijn baan kwijt was, maar het bleek uiteindelijk allemaal mee te vallen. De nieuwe groep had niet eens gemerkt dat alles een paar minuten later liep en ze waren in de wolken over de vriendelijke ontvangst met champagne.'

In zijn baan houdt Hamlet vooral van de stressmomenten, de pieken waarop alle touwtjes strak gespannen staan. De gast mag natuurlijk nooit merken dat er wat drukte heerst achter de coulissen. 'Het Hotel Amigo is een speciaal hotel met aandacht voor elk detail en een passie voor kwaliteit', aldus Hamlet. 'Dat geldt ook op culinair vlak. Heel wat gasten hebben speciale wensen als het om eten en drinken gaat. Ik verzamel van tevoren zo veel mogelijk informatie zodat ik aan hun eisen kan tegemoetkomen, maar je weet nooit met honderd procent zekerheid of je juist zit. Gasten mogen me wel alles vragen en als het geen onethisch verzoek is, zal ik alle moeite doen om het in te willigen. Wat fysiek mogelijk is, doen we. In dit hotel geven we onze gasten heel veel, ook al neemt dat tijd in beslag en hangt er een prijskaartje aan. Die "het kan"-attitude onderscheidt ons van andere hotels.'

De Food & Beverage Manager legt uit dat de aandacht voor kwaliteit in alle details is doorgedreven. De geur in de lobby, in het hotel, in de kamers; de muziek die op verschillende plaatsen een ander geluidsniveau heeft; het verzetten van een tafel omdat het licht niet goed valt voor sommige gasten... 'Ons uiteindelijke doel is een gelukkige gast', aldus Hamlet. 'Dat peper ik mijn team elke dag weer in. Je moet weten waarom iemand op een bepaald moment iets vraagt en vervolgens zijn verwachtingen overtreffen. Mijn mensen moeten uiterst professioneel zijn en dan nog iets extra hebben dat het professionele overstijgt.'

Hamlet heeft een schat aan anekdotes als het om eten en drinken gaat. Over nachtelijke telefoontjes met de vraag of hij om tien uur 's ochtends een banket kan klaarmaken of over gasten die vragen of de chef een bepaald gerecht van een andere chef wil klaarmaken. Bij momenten springt hij zelf in zijn auto en gaat hij op zoek naar ingrediënten in de stad. 'Als het moet, sta ik mee in de keuken', lacht hij. 'Als een gast me persoonlijk bedankt, ben ik in de wolken. Die dankbaarheid kun je niet in geld uitdrukken en daar werk ik voor.'

TIPS VAN HAMLET

Hamlet ontvangt graag gasten thuis. Geen moeite is hem te veel om het zo aangenaam mogelijk te maken. Dit zijn Hamlets tips:

- Gasten ontvangen moet een feest zijn voor alle zintuigen. Geef dus niet alleen aandacht aan het eten dat je serveert, maar ook aan wat de gasten horen, ruiken en voelen.
- Zorg dat het lekker ruikt als de mensen binnenkomen. Geur is een belangrijke factor bij een culinair feest!
- Pas de verlichting aan en zorg in verschillende ruimtes voor de juiste lichtinval.
- Zet muziek op en pas ze aan tijdens de verschillende gangen. Bij champagne hoort bijvoorbeeld iets lichts, sprankelends maar ook sensueels, bij het hoofdgerecht kies je misschien voor een heel ander muziekje. Pas het geluidsniveau aan, zodat de muziek de gesprekken niet stoort.
- Decoreer je huis. Geef plaatsen gerust een andere bestemming. Je mag best wat met meubilair schuiven als je mensen ontvangt, zodat het allemaal wat ruimer en comfortabeler wordt.
- Hou bij het samenstellen van je menu rekening met de leeftijd van je gasten, met wat ze graag lusten, met het feit of ze al dan niet echte 'foodies' zijn...
- Zorg voor de juiste porties. Maak ze niet té groot zodat er plaats over is voor een mooi dessert als afsluiter.
- Bied koffie of thee aan na de maaltijd, eventueel met een afzakkertje. Zorg dat je ook allerlei kruiden- en vruchteninfusies in huis hebt voor je gasten.

Ingrediënten VOOR 4 PERSONEN

1 kg noordzeevis
(mengeling van zeetong, kabeljauw, zeebaars, mosselen, garnalen...)
garnaalkoppen en kreeftenkoppen
boter
2 sjalotten
1 stukje wit van prei
1 wortel
1 stukje witte selder
1 teentje knoflook
1 eetlepel tomatenpuree
een mespunt saffraan
een mespunt cayennepeper
2 dl Noilly Prat
2 dl witte wijn
1 l gevogeltebouillon
½ l mosselvocht
graten van zeetong
1 courgette
1 rode paprika
1 venkel
20 g dragon
olijfolie
citroensap
100 g zeekraal
12 zeekolen (crambe maritima)

Bereiding

Bereid de noordzeevis apart per soort. Gril bijvoorbeeld de zeetong, stoom de kabeljauw, bak de zeebaars op het vel en kook de mosselen op de klassieke manier.

Stoof de koppen in wat boter. Maak de sjalotten, de prei, de wortel, de selder en de knoflook schoon, snijd ze in stukken en doe ze bij de graten en koppen. Voeg er de tomatenpuree en de specerijen aan toe en laat alles even stoven.

Bevochtig de koppen met de Noilly Prat en de witte wijn en laat het voor de helft inkoken. Doe er de gevogeltebouillon en het mosselvocht bij en voeg er ten slotte de graten aan toe. Laat dat een half uur trekken op een zacht vuur.

Giet het geheel door een neteldoek en vang het vocht op. Doe het in een kookpot en laat het voor meer dan de helft inkoken tot een sterke bouillon.

Maak de courgette, paprika en venkel schoon en snijd ze in heel kleine blokjes (brunoise). Meng ze door de bouillon. Hak de dragon fijn en meng hem met wat olijfolie door de groentjes. Breng op smaak met enkele druppels citroensap.

Serveer de vis met de bouillabaissevinaigrette in een diep bord en werk af met zeekraal en geblancheerde zeekool.

Noordzeevis in bouillabaisse-vinaigrette

Ingrediënten VOOR 4 PERSONEN

2 eetlepels tempurameel
1 dl spuitwater
zout
2 uien
olie om te frituren
1 kg aardappelen
olijfolie
2 teentjes knoflook
mayonaise
piment d'Espelette
(Spaans paprikapoeder)
1 packchoy
boter
1 kg tussenrib
1 dl cognac
2 sjalotten
1 eetlepel tomatenpuree
1 dl port
1 dl rode wijn
4 dl kalfsbouillon

Bereiding

Maak een beslag van het tempurameel, het spuitwater en een mespuntje zout. Maak de uien schoon en snijd ze in ringen. Haal de ringen door het beslag en frituur ze krokant in olie.

Schil de aardappelen en snijd ze in dobbelsteentjes. Maak aan één kant een kuiltje. Verwarm olijfolie met een teentje geplette knoflook tot 90 °C. Zet de aardappelblokjes hierin en konfijt ze tot ze gaar zijn. Haal de blokjes uit de olie. Verhit enkele lepels van de olie en bak de aardappelblokjes goudgeel. Doe de mayonaise in de blender met een teentje knoflook en mix tot een pittig mengsel. Vul de kuiltjes in de aardappelen met de knoflookmayonaise en bestrooi ze met wat piment d'Espelette.

Haal bij de pakchoy de bladeren van de stelen en kook ze apart beetgaar in gezouten water. Smelt wat boter in de pan en haal de pakchoy kort door de gesmolten boter. Leg de bladeren en stelen dakpansgewijs op de borden.

Verhit wat boter in een pan en bak het tussenrib rondom aan. Gaar het verder in een voorverwarmde oven op 160 °C tot de gewenste garing. Haal het tussenrib uit de pan en laat het vlees even rusten. Blus de pan met de cognac. Snipper de sjalotten en doe ze samen met de tomatenpuree bij de saus. Voeg er de port en de rode wijn aan toe. Laat het geheel inkoken en doe er ten slotte de kalfsbouillon bij. Laat de saus weer inkoken en giet ze door een zeef. Snijd de tussenrib in plakjes en leg ze op de pakchoy. Geef er de patatas bravas en uiringen bij.

Tussenrib, gefruite uitjes, packchoy en patatas bravas

Ingrediënten VOOR 4 PERSONEN

300 g brede lintpasta
zout
4 eetlepels gehakte kruiden zoals kervel, bieslook, Italiaanse peterselie...
4 courgettes
1 dl kaffirlimoenolie*
3 dl groentebouillon
2 kroppen Romeinse sla
olijfolie
balsamicoazijn
2 bolletjes mozzarella
100 g cashewnoten

Bereiding

Kook de pasta al dente in gezouten water. Rol hem op en haal hem door de gehakte kruiden.

Snijd de courgette overlangs in tweeën en haal het binnenste er uit. Snijd het groene deel in blokjes en kook het goed gaar. Giet af en doe de courgette in de blender met de kaffirolie en de groentebouillon. Mix tot een gladde coulis.

Snijd een mooie pijlvorm uit de nerven van de slabladeren. Meng vier delen olijfolie met een deel balsamicoazijn. Hussel de dressing onder de sla.

Snijd de mozzarella in blokjes. Bak de cashewnoten kort op in wat olijfolie en kruid ze met zout.

Serveer de pasta met de mozzarellablokjes, de slanerven en de cashewnoten. Werk af met de courgettecoulis.

*Kaffirolie maak je door een citroenschil en de bladeren van een kaffirlimoen twee uur te laten trekken in olijfolie op 60 °C. Laat de olie minstens 24 uur afkoelen in de koelkast en zeef voor gebruik.

Vegetarische pasta en coulis van courgette en mozzarella

Ingrediënten VOOR 4 PERSONEN

Gistdeeg:
100 g gesmolten boter
25 g gist
1 citroen
1 vanillestokje
250 g bloem
25 g honing
8 eieren
8 g zout

Meringue:
180 g eiwit
250 g bloemsuiker

Citroencrème:
het sap van 4 citroenen
200 g suiker
4 eidooiers
2 eieren
2 blaadjes gelatine
250 g boter
250 g suiker
150 g eiwit

geraspte citroenschil
vanille-ijs

Bereiding

Gistdeeg: Smelt de boter en los er de gist in op. Rasp de schil van de citroen. Snijd het vanillestokje overlangs open en haal het merg er uit. Kneed in de keukenmachine de bloem, de honing, de eieren, het zout, de citroenrasp en het vanillemerg tot een glad deeg. Giet de boter bij het deeg en laat het nog even kneden op lage stand. Vet bakvormpjes in en vul ze tot de helft met het deeg. Laat het deeg op een warme plaats rijzen tot het bijna in volume verdubbeld is. Bak het deeg 10 minuten in een voorverwarmde oven op 180 °C.

Meringue: Klop het eiwit met de bloemsuiker tot meringue. Spuit met behulp van een spuitzak toefjes op een met bakpapier beklede bakplaat. Zet ze een hele nacht in een oven op 80 °C zodat ze mooi krokant zijn.

Citroencrème: Meng het citroensap met de suiker, de eidooiers en de eieren en verwarm het tot 85 °C. Week de gelatine in koud water, knijp goed uit en meng het onder het mengsel. Laat afkoelen tot ongeveer 40 °C en roer er de boter onder. Roer het mengsel goed glad en doe de crème in vormpjes. Laat invriezen en haal voor het serveren uit de vormpjes. Zet de suiker 10 minuten in een voorverwarmde oven op 120 °C. De suiker mag niet kleuren of smelten. Klop het eiwit half stijf en doe er de verwarmde suiker bij. Blijf verder kloppen. Doe het mengsel op de citroencrème en brand de meringue met behulp van een brandertje. Serveer de gistgebakjes met de citroencrème en de meringue en werk af met wat geraspte citroenschil en (eventueel) wat vanille-ijs.

Gistdeeg met citroen en meringue

Stefanie &Olivier

Ze kennen de kust als hun broekzak want ze zijn er geboren en getogen. Stefanie en Olivier baten een tearoom uit op de dijk in Oostduinkerke, maar hebben met *Het Hotel* veel grotere plannen.

EEN KOPPEL MET VERBEELDING

Stefanie belandde na haar studies secretariaat - moderne talen in de hotelwereld, Olivier had al zijn hele leven baantjes in de horeca. Hij probeerde het even in de computerbranche, maar daar miste hij het contact met de klanten en de speciale band onder horecacollega's. Het koppel droomde van een eigen zaak, maar al hun pogingen om iets te bemachtigen liepen op niets uit. Tijdens een wandeling in Brugge keerde het lot. 'We zagen in het raam van een immobiliënkantoor dat er een tearoom over te nemen was op de dijk', herinnert Stefanie zich. 'Nog geen uur later zaten we in het pand en was de zaak beklonken. Het lot was ons die dag heel goed gezind.'

Ze noemden hun tearoom De Verbeelding, een toevallige keuze maar wel eentje waar ze nog steeds blij om zijn. 'We serveren er lekkere, eenvoudige gerechten', vertellen ze. 'Alles is vers en we staan honderd procent achter elk gerecht op de kaart. Onze klanten appreciëren die houding en willen bijvoorbeeld gerust een kwartiertje wachten als ons roomijs nog niet helemaal klaar is.'

De inschrijving voor *Het Hotel* kwam er eerder toevallig. Het was Oliviers zus die hen er attent op maakte. 'Ik heb meteen twee A4-tjes volgepend en ze op de bus gedaan', lacht Stefanie. 'We dromen al zo lang van een eigen hotel en hadden heel sterk het gevoel dat dit wel eens onze grote kans kon zijn.'

'Gasten mogen hun zorgen achter zich laten als ze bij ons binnen wandelen.'

DE PUZZEL KLOPT

De keuze voor Westende als locatie vinden ze een mes dat aan twee kanten snijdt. Ze blijven weliswaar aan hun geliefde zee, een plaats waar ze nooit meer weg willen. 'Maar aan de andere kant kennen we ook als geen ander de beperkingen van de kust', aldus Olivier. 'Met onze tearoom op de dijk weten we hoe afhankelijk je hier bent van het weer. Als het regent, zie je geen hond op de dijk, maar als dan plots de zon doorbreekt, zit het terras vol. Het is moeilijk te becijferen hoeveel personeel je op wisselvallige dagen nodig hebt.'

Stefanie merkt op dat de kust vooral een vakantieoord is met pieken in de weken en weekends waarin mensen vrij zijn. 'Onze dochter Oker is nu nog klein waardoor we buiten de verlofperiodes met haar op vakantie kunnen', zegt ze. 'Als ze straks naar school gaat, kan dat niet meer. Een hotel in de stad was organisatorisch eenvoudiger geweest omdat er dan meer tijd voor Oker overbleef op momenten dat zij thuis was. Maar natuurlijk zijn we ook blij dat *Het Hotel* zich aan de kust afspeelt. We kennen het hier en we zijn niet ver weg als onze dochter ons tijdens de opnames nodig heeft. Een hotel in pakweg Limburg of Antwerpen was ons waarschijnlijk veel slechter uitgekomen.'

De keuze voor De Rotonde is een meevaller. Ze kennen het gebouw vanbinnen en vanbuiten door een televisiereportage die er ooit werd gedraaid. 'De prachtige façade steekt helaas schril af tegen het verloederde interieur', zucht Stefanie. 'Het hotel mist sfeer en is niet onderhouden. Het ademt charme en geschiedenis uit, maar je voelt ook een zekere tristesse. Ik had het dolgraag bezocht in de beginjaren, want ik ben er zeker van dat je dan echt een "prinsessengevoel" kreeg. Dat vorstelijke is helemaal verdwenen. De kamers ruiken muf, je voelt je er opgesloten, het is stoffig, de muren zitten vol barsten en vochtplekken... Er is veel werk aan de winkel!'

Ondanks alle bezwaren zijn Olivier en Stefanie ontzettend blij met deze kans. 'Vanaf dag één had ik het gevoel dat *Het Hotel* voor ons bestemd was', lacht Stefanie. 'We namen het nuchter op toen we hoorden dat we geselecteerd waren, maar wisten dat het moment was aangebroken om de Grote Sprong te wagen. Als we niet voor dit programma waren uitgekozen, hadden we gezocht naar een manier om gastenkamers uit te bouwen in onze woning. Helaas is het tegenwoordig zo goed als onmogelijk om een lening te krijgen voor een horecazaak. De plannen zijn er, maar tussen woord en daad liggen veel praktische bezwaren...

Met *Het Hotel* zat het van bij het eerste selectiegesprek goed. We zijn vrij snel op zoek gegaan naar manieren om de tearoom voort te zetten tijdens de opnames. Mensen die we al lang uit het oog verloren waren, doken plots weer op en wilden ons met plezier uit de nood helpen. Het leek een puzzel waarvan alle stukjes netjes op hun plaats vielen.

We durven er niet op te hopen om als winnaars uit de bus te komen, maar we geven ons voor de volle honderd procent.'

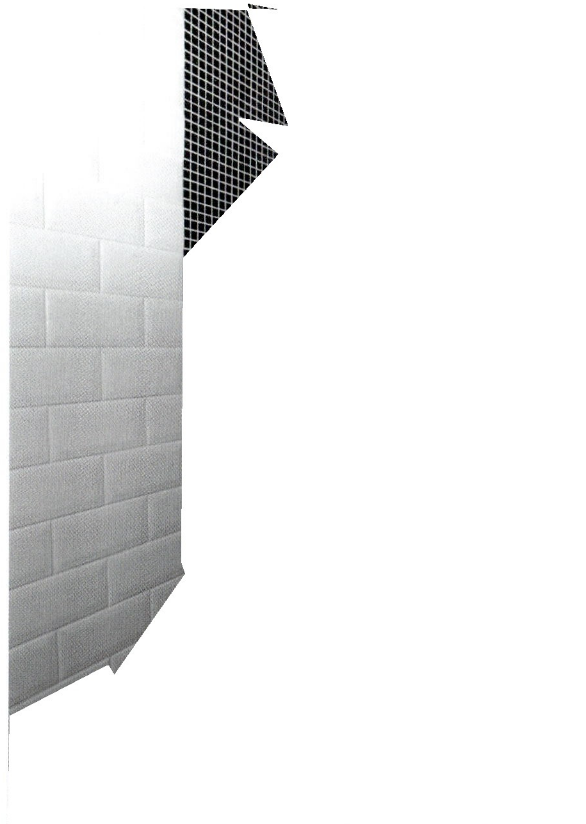

EEN LUXEHOTEL MET WELLNESS

Stefanie en Olivier willen een hotel waar mensen zich thuis voelen. Hun gasten moeten het hotel binnenwandelen en meteen het gevoel krijgen dat ze alle zorgen en problemen een paar dagen achter zich mogen laten. 'Wij zijn er om de mensen een paar onvergetelijke dagen te bezorgen', legt Stefanie uit. 'Het hotel moet veel meer zijn dan een plaats waar iemand slaapt, zich wast en ontbijt. In ons hotel moeten de mensen niet naar buiten om zich te ontspannen. We willen graag een uitgebreide wellness in het hotel aanbieden en hopelijk vinden we de financiele middelen om die droom te realiseren.'

Een hotelrestaurant ziet het koppel dan weer wat minder zitten. Het betekent extra werk en volgens hen is er meer dan voldoende eetgelegenheid in de regio. 'Er liggen tientallen goede restaurants in de buurt', zegt Stefanie. 'Ik wil iets anders aanbieden dan de andere hotels. Het geld dat we normaal aan een restaurant zouden besteden, zou bij ons naar wellness gaan.'

Tijdens hun reizen kwamen Olivier en Stefanie in diverse hotels terecht. Door budgettaire beperkingen waren dat vaak heel gewone zaken. 'In-uithotels', noemt Stefanie ze. 'Hotels waar je niet echt een herinnering aan overhoudt. Wij willen niet per se een groot hotel waar de baas

Olivier en Stefanie zagen al een heel stuk van de wereld. Een beperkt budget verplichtte hen soms om wat minder luxueuze hotels uit te kiezen. Ze herinneren zich nog een nacht in een sjofel New Yorks hotel, waar de lakens onder de bloedvlekken zaten en ze hun kousen niet durfden uittrekken omdat alles er zo smerig was. In Nieuw-Zeeland kwamen ze terecht op een eiland waar het enige hotel was volgeboekt. Noodgedwongen namen ze het voorstel van een oud dametje aan, dat haar huisje verhuurde. Het was een vochtige bouwval die bovendien krioelde van de spinnen.

In hun eigen zaak krijgen ze ook regelmatig te maken met grappige situaties. Zoals die keer dat een Japanner geconfronteerd werd met een deur en absoluut niet wist hoe het systeem werkte. Het duurde even voor ze beseften dat de man helemaal overstuur geraakte. Hij bleek niet bekend te zijn met het verschijnsel 'klink'.
Ook de theepotjes in twee delen die ze in hun tearoom gebruiken, zorgen soms voor de nodige verwarring. 'Mensen vragen ons gepikeerd of ze ook nog een kopje krijgen. We nemen dan het bovenste deel van de pot en schenken de thee in het onderste kopje. Het is altijd leuk om hun verbaasde gezichten te zien!'

vanuit zijn kantoor alles regelt. Doe ons maar kleinschalig, maar met veel luxe en persoonlijke aandacht voor de gasten.'

Het budget voor kamerinrichting zal in de eerste plaats naar een uitstekend bed gaan. Daarnaast willen ze de gasten een gevarieerd en uitgebreid ontbijt aanbieden. 'Met het werk in onze horecazaak schiet het ontbijt er vaak bij in', legt Stefanie uit. 'Wij eten op momenten dat er geen gasten zijn en vaak is dat pas 's avonds laat. Daarom geniet ik dubbel van ontbijten op vakantie. Het ontbijt in ons hotel moet mooi gepresenteerd zijn en er moet een ruime keuze zijn zodat het bijna een hoofdmaaltijd wordt.'

Het koppel kan zich niet voorstellen dat ze straks herkend worden op straat. 'We krijgen af en toe bekende mensen op ons terras, maar we drukken ons personeel op het hart om hen met rust te laten. Voor *Het Hotel* nemen we de camera's erbij en we zien wel hoe het loopt. We willen De Rotonde heel graag winnen en we geloven in onze kansen. Door zo lang zij aan zij in de horeca te werken, weten we van aanpakken en kunnen we crisissituaties aan. Als we niet winnen, is het een leerervaring waarvan we heel veel opsteken.'

'Ontbijten op vakantie: dat is dubbel genieten.'

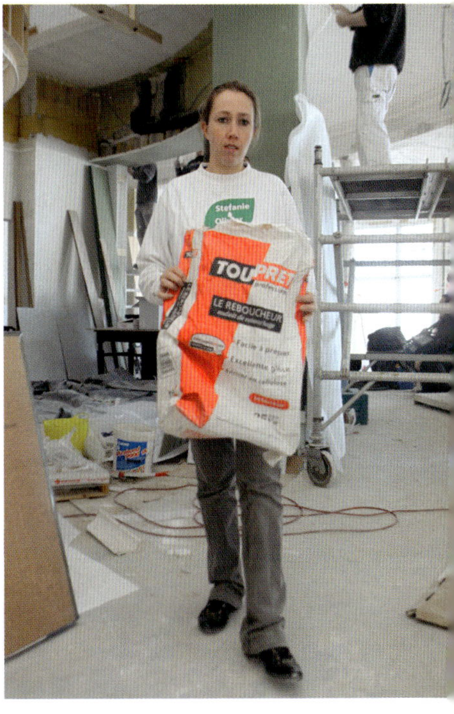
TOUPRET
LE REBOUCHEUR

In de buurt van

EEN WARM HART VOOR STRIPS EN MUZIEK

Op de dijk en in het centrum van Middelkerke kom je regelmatig een paar van je favoriete **striphelden** tegen. Grote Belgische striptekenaars zagen hier hun creaties vereeuwigd in brons. Ga op zoek naar Urbanus met zijn hond Nabuko Donosor en vlieg Amedee, naar Suske en Wiske, Kiekeboe, Jommeke met zijn papegaai Flip, het dagbladverschijnsel Nero, Lucky Luke, de mooie smurfin, Robbedoes en zijn eekhoorn Pip, Lambiek - mét bolhoed uiteraard, Annemieke en Rozemieke en de sexy Fanny.

Hartje zomer verzamelt het gros van de Belgische striptekenaars zich in de grote tent in Middelkerke voor een bijzonder **Stripfestival**. Je komt er alles te weten over wat er reilt en zeilt op stripgebied, er zijn tal van leuke randactiviteiten voor groot en klein en natuurlijk is het fijn om je favoriete stripauteur te ontmoeten en je nieuwste albums te laten signeren.

Aan de Abdisweg vind je in die periode een reusachtig **stripdoolhof** in een maisveld van 45.000 m². Als je verdwaalt, wijst een stripfiguur je misschien de weg en natuurlijk is er een leuke wedstrijd met prijzen aan verbonden. Wie niet zo graag doolt, kan terecht in de speeltuin, de grote zandbak en op de metershoge piramide van strobalen. De toegang tot het domein met speeltuinen en boerderijdieren is gratis, voor het doolhof betaal je 3 euro. Ouders kunnen mee verdwalen of een pintje drinken op het terras terwijl ze wachten op hun kinderen.

Het Hotel

Dat Westende en Middelkerke ook van muziek houden, blijkt uit een paar bijzondere evenementen. Begin mei is er het **Accordeonfestival**, met een groot optreden in het casino van Middelkerke en vervolgens kleine optredens in horecazaken verspreid over de stad. Reserveer tijdig je plaatsje, want de zaken waar de optredens plaatsvinden, zitten vaak stampvol.

Wie meer van een echt festival houdt, gaat naar **Leffingeleuren** - het muziekfestival dat al jaren geldt als de ultieme afsluiter van het Belgische zomerseizoen. Verdeeld over diverse podia spelen artiesten uit binnen- en buitenland in het dorpscentrum van Middelkerke.

Het

management

Leiding met passie

Thierry Jousse

De stem van het hotel

Delpine de Kinder

Thierry Jousse is sales- en marketingdirecteur van het Brusselse Hotel Amigo. In die hoedanigheid heeft hij een achttal departementen onder zich: sales, marketing, communicatie, PR en media, food & beverage sales, reservaties, inkomstenmanagement en events. In kleinere hotels worden deze functies vaak uitgevoerd door één persoon, maar de grootte en de werkwijze van het Hotel Amigo vraagt om aparte afdelingen.

Thierry kan als geen ander uitleggen waarom Hotel Amigo uniek is in zijn soort: 'Elk hotel van deze categorie biedt een groot aantal diensten aan en heeft vlotte en capabele medewerkers die uitstekend met hotelgasten overweg kunnen. Het verschil met Hotel Amigo is dat hier geen enkel detail vergeten mag worden en dat je – als dat toch gebeurt – de ruimte

'Mensen kopen hier rust – aangename, luxueuze rust.'

hebt om te verbeteren. Onze uitmuntendheid kent geen grenzen. Rocco Forte heeft een van de meest prestigieuze hotelcollecties ter wereld omdat al zijn hotels je een gevoel van luxe geven zonder erover te bluffen. Hij noemt het *the art of simple luxury*, vertaald als "luxueuze eenvoud". Mensen kopen hier rust - aangename, luxueuze rust.'

Uiteraard heeft een dergelijk hotel de beste 'hardware' in huis om die luxe te bewerkstelligen. 'Excellente bedden en aangename verlichting bijvoorbeeld, maar ook tafels met afgeronde hoeken in de kamers zodat je je niet bezeert als je slaapdronken de weg naar de badkamer zoekt', legt Thierry uit. 'Maar veel meer nog dan door het perfecte materiaal, onderscheidt dit hotel zich door de manier waarop het personeel met de gasten omgaat. Hotel Amigo was altijd al een voorbeeldhotel voor mensen uit de hotelbranche. Ons hotel, ons personeel, onze dienstverlening, onze bar, ons restaurant: het zijn allemaal aparte entiteiten die op hun gebied uitblinken en van onze typische filosofie doordrongen zijn.'

Delphine de Kinder is een medewerkster van Thierry. Als communicatieverantwoordelijke weet ze heel goed hoe ze die filosofie moet verwoorden. 'Luxueuze eenvoud' vult ze aan met 'toegewijde dienstverlening'. 'Onze medewerkers proberen de gasten op alle mogelijke manieren van dienst te zijn, of het nu gaat om een eenvoudig praatje of om het zoeken naar informatie. Die toewijding maakt het verschil. We registeren de wensen van onze klanten en als ze terugkomen, gaan we er ongevraagd weer op in.'

'Hotel Amigo is de uitvalsbasis voor alles wat Brussel te bieden heeft.'

Delphine zorgt zowel voor de interne als voor de externe communicatie van het hotel. 'De communicatie tussen medewerkers en afdelingen is essentieel voor de teamspirit', legt ze uit. 'Het personeel van het hotel deelt hun ideeën en verhalen met mij. Zij zijn de bron waaruit ik put om naar de buitenwereld te communiceren.'

Het Hotel Amigo kiest haar communicatiekanalen met de grootste zorg uit. Enkel nationale en internationale media met eenzelfde hoge standaard komen in aanmerking. In haar communicatie neemt het hotel bovendien altijd 'Brussel' mee: 'Hotel Amigo is de uitvalsbasis voor alles wat de stad te bieden heeft. In Brussel valt ontzettend veel te beleven op wandelafstand van het hotel. Er zijn fantastische winkels, we hebben een paar schitterende musea, er is geen gebrek aan historische gebouwen... Ook dat wil ik laten weten aan de buitenwereld.'

BEST OF
BELGIUM

'Hotel Amigo is een klein dorp waar gasten en personeel zich thuisvoelen.'

Medewerkers van het hotel worden gestimuleerd om hun kennis met elkaar te delen. 'De mensen van food & beverage nemen me bijvoorbeeld mee naar proeverijen van Italiaanse wijnen', vertelt Delphine. 'Die kennis gebruik ik in mijn communicatie. En de receptionist vertelt me dat meer en meer mensen om een *personal shopper* vragen. Dat is weer een item om over na te denken in mijn communicatiestrategie.'

Delphine beschrijft het Hotel Amigo als een klein dorp waar gasten en personeel zich thuis voelen. 'Iedereen is belangrijk hier, onze gasten én onze medewerkers. Je kunt alleen goed communiceren als je waarheidsgetrouw bent. Ik geloof in wat ik doe en in de kwaliteit van dit hotel en dat wil ik graag uitdragen. Goede smaak mag gepromoot worden.'

TIPS VAN THIERRY VOOR KANDIDAAT-HOTELUITBATERS

Denk aan wat de klant wilt en niet aan wat je zelf wilt. Wat is bijvoorbeeld een 'gezellig' hotel? Dat verschilt van klant tot klant. Voor de ene is het een hotel met een bibliotheek, voor een ander duidt het op de winkels of musea die in de buurt liggen.

Vraag je klant naar wat hij wilt, analyseer zijn wensen en handel ernaar. Je kunt hiervoor speciale formulieren gebruiken of het gewoon op de man af vragen. 'Wat vond u van onze wekdienst?', 'Was het ontbijt lekker?'... Gasten zijn meestal bereid om je een eerlijk antwoord te geven.

Als je minder prettige informatie aan de gasten moet geven, verpak ze dan zacht. Zeg wat je wél kunt doen en niet wat je niet kunt doen. Bovenal: zeg nooit neen.

Bouw een historiek uit van je gasten. Dat is met de huidige technologie geen enkel probleem. Die informatie is van onschatbare waarde als de gasten je hotel opnieuw bezoeken omdat je dan op hun wensen kunt inspelen zonder dat ze erom moeten vragen. Een goed adressenbestand is van onschatbare waarde.

Zorg ervoor dat je op elk moment de minimale waarde van een kamer kent. Kijk naar het uitgavenpatroon van je klanten en onderzoek of je nog andere inkomsten kunt genereren. Houd je reservaties in het oog en stuur tijdig mailings naar je adressenbestand als het wat kalmer dreigt te worden.

Bied iets exclusiefs aan, iets nieuws, iets kleurrijkers, iets spannenders dan je concurrenten. Creëer zelf die behoefte. Overtuig mensen dat logeren in jouw hotel een meerwaarde betekent, dat ze er speciaal voor naar die plaats willen komen. Verkoop eerst je locatie, dan je hotel en wacht met prijsaanpassingen tot het laatste moment. Promoties die alleen over geld gaan, werken niet. Iemand die niet naar de kust wilt voor 100 euro, wilt dat waarschijnlijk ook niet voor 50 euro.

Verkoop 'emotie'. Als het licht uitgaat in een hotelkamer, lig je op een matras. In het ene hotel betekent dat gewoon 'een bed om te slapen', in het andere hotel gaat het om een totaalervaring. Zorg ervoor dat de mensen waar voor hun geld krijgen op de momenten dat ze niet slapen.

Ingrediënten VOOR 4 PERSONEN

200 g pancetta in plakjes
boter
400 g varkensrug
pittige mosterd
1 teentje knoflook
enkele takjes tijm
2 sjalotten
2 peren
olie
150 g oude Mimolettekaas
1 grote focaccia
3 eetlepels Noilly Prat
2 eetlepels sherryazijn
1 eetlepel honing
2 eidooiers
1 dl notenolie
1 dl sojaolie
1 dl room
12 kwarteleieren
120 g slamengeling** **(notensla, veldsla, molsla, fijne krulandijvie)

Bereiding

Bak de plakjes pancetta krokant in een pan met antiaanbaklaag en laat ze goed uitlekken.

Braad de varkensrug rondom aan en strijk hem in met mosterd. Doe de geplette knoflook, tijm en gesnipperde sjalotten bij het vlees en laat 20 minuten garen in een voorverwarmde oven op 150 °C. Haal het vlees uit de pan, laat het rusten en snijd het dan in dunne plakjes.

Schil de peren, snijd ze in plakjes, bestrijk ze met wat olie en bak ze in een hete grillpan zodat er een ruitjesmotief ontstaat.

Schaaf de Mimolette in mooie krullen. Snijd de focaccia in een rechthoek en bak hem kort in olie. Meng de Noilly Prat met de sherryazijn, de honing en de eidooiers. Werk op tot een lichte mayonaise met de noten- en de sojaolie en voeg er ten slotte de room aan toe.

Bak de kwarteleitjes in een pan met boter tot kleine spiegeleitjes. Bestrijk de focaccia met de dressing en beleg met het gebraden varkensvlees, de slamengeling, de gegrilde peer en de krokante pancetta. Werk af met de Mimolette en enkele spiegeleitjes.

Gebakken focaccia met krokante pancetta en Mimolette

Ingrediënten VOOR 4 PERSONEN

10 tomaten
½ teentje knoflook
2 eetlepels koriander
20 g gelatineblaadjes per liter tomatenwater
zeezout
tabasco
sojasaus
olijfolie
12 minitomaten
peper
suiker
100 g fetakaas
20 stevige maar niet te grote sardinefilets
wit toastbrood
1 ei
150 g watermeloen zonder pitjes
***maniguettepeper** (peper uit Guinea)*
een handvol groene tuinkruiden

Bereiding

Doe 6 tomaten in de blender en hak ze niet te fijn met de look en de koriander. Leg een neteldoek in een vergiet en giet er het tomatenmengsel door. Vang het tomatenvocht op. Laat de gelatine weken in koud water en knijp hem goed uit. Voeg per liter tomatenwater 20 gram geweekte gelatine toe. Breng op smaak met zout en enkele druppels tabasco. Stort het mengsel uit op een plaat en laat het opstijven. Snijd de tomatengelei in kleine blokjes.

Schil de overige 4 dikke tomaten, snijd ze in dikke plakken en vervolgens in blokjes. Marineer met zeezout, enkele druppels sojasaus en wat olijfolie. Dompel de minitomaten onder in kokend water, verfris ze in ijswater en pel ze. Strijk ze in met olijfolie, peper, zout, knoflook en een snuifje suiker. Doe ze in een ovenschaal en zet ze ongeveer 5 uur in een oven op 60 °C. Bestrijk ze regelmatig met olie tot ze mooi gedroogd zijn.

Snijd de fetakaas in dobbelsteentjes. Haal de graatjes uit de sardinefilets. Snijd het wit brood in flinterdunne plakjes. Klop het ei los en bestrijk er de sneetjes brood mee. Leg de sardinefilets op de kant met ei en snijd het overtollige brood aan de zijkanten weg. Bak het brood met de sardines aan één kant in een pan met wat olijfolie. Snijd de watermeloen in dobbelsteentjes en bak die kort in wat olie. Breng ze op smaak met zeezout en maniguettepeper.

Serveer de toastjes naast elkaar met ertussen de verschillende smaken tomaat, de meloen en de fetakaas. Werk af met wat groene kruiden en druppel er de marinade van de tomatenblokjes rond.

Op toast gebakken sardines met smaken van tomaat, watermeloen en fetakaas

Ingrediënten VOOR 4 PERSONEN

400 g kalfsgebraad
peper
zout
boter
olijfolie
grof zeezout
basilicum
limoensap
500 g verse tonijn
1 eetlepel ras-el-hanout
50 g yoghurt
50 g gekonfijte tomaten
5 ansjovisjes, gezouten
1 eetlepel mayonaise
cayennepeper
gedroogde tomaten
30 g olijven
60 g parmezaanschilfers
30 g appelkappertjes
frisse groene kruiden zoals basilicum, rucola, venkelkruid...

Bereiding

Kruid het kalfsgebraad met peper en zout. Smelt wat boter en braad het rondom aan. Laat het 15 minuten verder garen in de oven op 160 °C.

Haal het kalfsgebraad uit de oven en laat het afkoelen. Snijd het in blokjes van 2 op 2 centimeter. Meng enkele lepels olijfolie met grof zeezout, gesnipperd basilicum en wat limoensap. Marineer de gebraadblokjes hierin.

Snijd balkjes van de tonijn van 15 centimeter lang, 2 centimeter breed en 2 centimeter hoog. Houd de overschotjes bij. Verhit een pan met antiaanbaklaag en schroei de tonijn aan alle kanten kort dicht. De binnenkant van de blokjes moet rood blijven. Kruid met olijfolie, zeezout, limoensap en wat ras-el-hanout. Snijd de tonijn ook in blokjes van 2 centimeter op 2 centimeter.

Mix de overschotjes van de tonijn glad met de yoghurt, de gekonfijte tomaten, wat olijfolie, de ansjovis en de mayonaise. Breng op smaak met wat limoensap, zout en een snuifje cayennepeper.

Leg afwisselend tonijn en kalfsvlees op de borden. Doe er wat van de tonijncrème bij. Werk het geheel af met gedroogde tomaten, olijven, parmezaanschilfers, appelkappertjes en frisse groene kruiden.

Vitello Tonato Anno 2009

Ingrediënten VOOR 4 PERSONEN

1 ui
1 wortel
enkele stengels selder
enkele peterselie-stengels
enkele dragonstengels
zout
10 peperbollen
½ l witte wijn
2 laurierblaadjes
2 noordzeekrabben van 1 kg
enkele eetlepels verse mayonaise
citroensap
een mespuntje ketchup
cayennepeper

Tartaar:
750 g rundfilet
1,5 dl olijfolie
1 eetlepel gesnip-perde sjalotten
1 eetlepel kappertjes
1 eetlepel gesnip-perde bieslook
2 eetlepels sojasaus
1 eetlepel oestersaus
2 theelepels ketchup
1 theelepel wasabi-pasta
1 limoen, sap en geraspte schil
zeezout
peper uit de molen
cayennepeper

2 kg frietaardappelen
1 ei
1 theelepel wasabi-pasta
2 eetlepels sushiazijn
4 dl sojaolie
witte peper
zout
1 eetlepel wittewijnazijn
1 eetlepel limoensap
1 eetlepel sojasaus
1 eetlepel vissaus
400 g dunne prinsessenboontjes
1 appel Granny Smith
1 avocado
jonge waterkers
olijfolie
sojasaus

Bereiding

Krabsla: Maak de ui, de wortel en de selder schoon en snijd ze in grote stukken. Breng 3 liter water aan de kook met de ui, de wortel, de selder, de peterselie, de dragon, wat zout, de gekneusde peperbollen, de witte wijn en de laurier. Kook de krabben 10 minuten in deze bouillon. Neem ze er uit en haal het vlees uit de pantsers. Laat het afkoelen en meng er de mayonaise, citroensap en ketchup onder. Breng op smaak met zout en cayennepeper.

Tartaar: Snijd de rundfilet met de hand in mooie tartaar. Meng er de olijfolie, de sjalotten, de kappertjes, de bieslook, de sojasaus, de oestersaus, de ketchup, de wasabipasta, de limoenrasp en het limoensap onder. Breng op smaak met zeezout, peper en cayennepeper. Vul een dresseerring tot 1 centimeter onder de rand met tartaar en vul verder op met krabsla. Schil de aardappelen en snijd ze in frieten van 1,5 centimeter breed, 1,5 centimeter dik en 8 centimeter lang. Bak ze voor in frituurolie op 140 °C. Laat de frieten afkoelen en bak ze vervolgens goudgeel op 175 °C. Doe het ei, de wasabipasta, de sushiazijn, de sojaolie, peper en zout, wittewijnazijn, limoensap, sojasaus en vissaus in een blender en draai op hoog toerental tot mayonaise. Kook

Rundtartaar met noordzeekrab, dikke frieten en wasabimayonaise

de prinsessenboontjes beetgaar in gezouten water en dompel ze meteen in ijswater zodat ze mooi groen blijven. Trek ze in de lengte uit elkaar. Snijd de appel in julienne. Schil de avocado en snijd hem in kleine blokjes. Meng de appel, de waterkers en de avocado met de boontjes. Breng op smaak met de wasabimayonaise. Serveer torentjes van tartaar en krab met de frieten en de salade. Meng wat olijfolie met sojasaus en doe enkele druppels op het bord.

Monica & Mark

Monica en Mark noemen zichzelf 'prettig gestoord'. Ze hebben uitgesproken meningen en visies waar ze onomwonden voor uitkomen. Mark kan schitterende adelbrieven voorleggen als het om hotelmanagement gaat. Monica beschikt over heel andere talenten, die ze hoopt aan te wenden in de loop van het programma.

EEN MIX VAN ERVARING EN VERNIEUWING

Marks cv beschrijft een lange lijst van managementfuncties in grote hotels in binnen- en buitenland. Familiale omstandigheden zetten die carrière even op pauze, maar de hotelmicrobe stopte nooit met kriebelen. De deelname aan *Het Hotel* is een originele manier om het wereldje weer binnen te stappen en meteen te zien wat een dergelijk avontuur met Monica doet. 'Monica heeft geen ervaring in de horeca', legt Mark uit. 'Dat maakt het interessant. Hotels werken vaak op een eiland en zijn redelijk conservatief. Ze pikken wat op van andere hotels, brengen hier en daar kleine vernieuwingen aan, maar vaak draait het nog altijd om die herberg waar Jozef en Maria onderdak zochten. Monica kijkt op een vernieuwende en originele manier naar de dingen, wat blijkt uit de columns en verhalen die ze over haar ervaringen schrijft. Ik ben er zeker van dat haar visie verfrissend en verrijkend zal zijn.'

Monica beschikt over een rijke ervaring in het coachen van mensen, al dan niet in het kader van NLP-cursussen (Neuro Linguïstisch Programmeren) en sessies rond 'humor'. Dat laatste is zeker iets wat het koppel wil integreren in hun hotel. Ze ziet haar rol als een coach aan de zijlijn die de dingen in vraag stelt, een inspiratie is voor het personeel en de ethiek en de vormgeving bewaakt. 'Ik heb een groot verantwoordelijkheidsgevoel

'Ik wil overeenkomsten zoeken waar iedereen zich goed bij voelt.'

en streef in alles het beste na voor iedereen', legt ze uit. 'Ik wil liever geen compromissen sluiten, maar naar overeenkomsten zoeken waar iedereen zich goed bij voelt. Mensen gaan vaak van allerlei veronderstellingen uit die ik in vraag wil stellen. Ik hoor de andere kandidaten overtuigingen uitspreken als "een hotel moet 24 uur op 24 open zijn" of "het leven van een hotelier begint pas als de gasten slapen", maar is dat wel zo? In normale omstandigheden kan ik vrij goed voorspellen hoe mensen reageren op mijn gedrag, maar *Het Hotel* is natuurlijk een wedstrijd waarin zaken geënsceneerd worden en mensen een rol spelen. Een gast die vervelend moet blijven doen van de productie - ook al heb je hem goed geholpen - is niet "normaal". Ik weet niet hoe ik met een dergelijk onnatuurlijk gegeven zal omgaan, maar ik ben er zeker van dat ik er veel uit kan leren.'

HET KARAKTER VAN DE ROTONDE

De Rotonde in Westende is geen droomhotel voor dit koppel. Hun droom zou in een stad liggen met groen in de buurt en beschikken over veel meer kamers zodat het personeel een grotere rol speelde. 'Dit hotel is niet meer *up to standard*', aldus Mark. 'De kamers zijn te klein en de badkamers zijn oud en versleten. Bovendien zag ik me veel meer in een managers- dan in een uitvoerende rol, wat in een klein hotel als dit niet mogelijk is.'

Zijn rijke ervaring in diverse hotels leverde Mark heel wat verhalen op. 'Fawlty Towers is vaak niet ver weg', lacht hij. 'Hotelpersoneel steekt nu eenmaal graag kwajongensstreken uit.' Hij herinnert zich een koppel dat altijd hun hondje meebracht naar het hotel. In het wildseizoen stond er een groot stuk met opgezet wild in de lobby van het hotel. Als het koppel er was, verdween er een haas uit het stuk om weer op te duiken in het gezichtsveld van het keffertje. Het hondje ging door het lint, maar meneer en mevrouw hadden absoluut niet door waarom.
Of het verhaal van de groep Afrikanen die voor het eerst Europa bezocht en in een groot hotel logeerde. 'Ze kwamen naar het hotelrestaurant en bestelden een uitgebreid menu. Er werd goed gegeten en gelachen, maar toen de rekening kwam, beseften ze dat een verblijf in het hotel er helaas niet meer inzat. Ze hebben de kamers moeten annuleren en zijn op zoek gegaan naar een goedkoper verblijf.'

Monica valt hem bij: 'Als ik mijn best doe, proef ik nog wat van de oude rijkdom van Grand Hotel Belle Vue, maar het is pijnlijk om te zien hoe weinig van de authenticiteit bewaard is gebleven. Huizen hebben net als mensen een karakter waarmee je moet rekening houden als je het verbouwt. Dat hebben de vorige eigenaars van De Rotonde niet goed ingeschat. De façade van het hotel werd bijvoorbeeld geplamuurd en er werden lijntjes op geschilderd, zodat het er als een maquette uitziet. Over de binnenkant wil ik het zelfs niet hebben. De ziel van dit hotel is zogoed als verdwenen.'

Het koppel had een groot hotel voor ogen, met veel kamers en een aantal zalen voor conferenties en cursussen. 'We moeten op zoek naar de unieke verkoopsmogelijkheden van dit hotel', aldus Mark. 'Met het zoveelste kusthotel gaan we er niet geraken. Dit moet een viersterrenplaatsje worden, een luxueuze oase met een exclusieve inrichting en bediening, waarbij we een zo klein mogelijke ecologische voetafdruk nastreven. Het hotel kijkt uit over de Noordzee, op zich een prachtig gegeven. Nu is het nog een kwestie van activiteiten te vinden om mensen naar hier te lokken. Ik vind de kust bijvoorbeeld op haar mooist in de winter, maar hoe overtuig je toeristen daarvan? Het moet in elk

Hoe goed je ook je best doet, er zijn altijd details die je over het hoofd ziet. Een trouwe klant kreeg noodgedwongen het restaurant op de zevende etage toegewezen voor een grote conferentie. Alles werd klaargezet, het personeel was verwittigd dat ze niet in de buurt van het restaurant mochten komen, er werd volledige discretie gegarandeerd. Iedereen hield zich aan de afspraken... behalve de ruitenwasser, die niet op de hoogte was. Hij verscheen nietsvermoedend voor het raam waar de klant een betoog hield voor een volle zaal belangrijke zakenmensen.
In de Algarve liep het ook even fout. Het mooie weer lokte de zakenmensen naar buiten en allerlei sessies vonden plaats in de tuin. De tuinier wist dat hij geen gras mocht maaien en de buggy's van golfers mochten de tuin niet in. Het enige wat over het hoofd werd gezien, was dat op een bepaald moment alle sprinklers in de tuin in werking schoten. De deelnemers zaten allemaal met een nat pak...

geval een plek worden waar mensen zich kunnen herbronnen en tot zichzelf komen. Toen ik in de Algarve werkte, zag ik deftige heren in een zwembroek lopen die mentaal nog een maatpak droegen. Ik zorgde ervoor dat ze die stropdas uitdeden en weer "mens" werden. Dat wil ik ook voor dit hotel: een plaats zijn waar je weer "mens" wordt. In het perfecte hotel komt het eropaan je gasten op drie niveaus te bedienen. Ten eerste zijn er de uitgesproken, voor de hand liggende verwachtingen – een bed bijvoorbeeld. Op een volgend niveau hebben gasten onuitgesproken verwachtingen. Als je die kunt waarmaken, ben je goed bezig. Maar het hoogste niveau bestaat uit de verwachtingen waarvan de gasten niet eens wisten dat ze ze hadden. Als je hen daarmee kunt verrassen, lever je een onbetaalbare service!'
'Mark is daar erg goed in', springt Monica bij. 'Hij kan geweldig met mensen omgaan. Hij brengt ze aan het lachen, stelt ze op hun gemak en ziet meteen wat ze nodig hebben. We beschikken allebei over een enorme dienstbaarheid naar mensen toe, maar ik werk liever achter de schermen. Je kunt het zo stellen: Mark zorgt voor het tastbare, de gast, ik voor het ontastbare, de geest.'

AUTHENTICITEIT ALS UITHANGBORD

In dat luxueuze paleisje hebben Mark en Monica het wat moeilijk met een restaurant. 'Het is gemakkelijk om in de valkuil van een typisch kusthotel te stappen en een groot terras buiten te zetten waar je mosselen met friet en ijsjes serveert', aldus Mark. 'Dat is echter niet wat onze gasten zoeken. In het suitehotel dat wij voor ogen hebben, willen de mensen met rust gelaten worden en komen ze liever niet in contact met andere toeristen.

'Een bedrijf is geen democratie. Iemand moet knopen doorhakken.'

Die intimiteit en geborgenheid moet je respecteren. Een permanente chef voor negen kamers is financieel geen haalbare kaart, dus moet je het probleem creatief aanpakken. Ik denk dan aan een samenwerking met een restaurateur of cateraar die gerechten levert.'

Het koppel denkt er ook aan om hun favoriete bezigheden - tango en golf - te integreren in het hotel, maar ze hebben er geen flauw idee van hoe de andere kandidaten daarop zullen reageren. 'De anderen zijn een stuk jonger, maar ze bruisen van enthousiasme', lacht Monica. 'Samenwerken zal geen probleem zijn. We bedanken voor de rol van vader- en moederfiguur, maar we kunnen vanuit onze levenservaring natuurlijk heel wat bijdragen. Ik hoop dat we onszelf mogen blijven in het programma, anders haak ik af. Authenticiteit is voor mij het allerbelangrijkste. De mooiste concepten komen uit brainstormsessies waarbij iedereen zijn steentje bijdraagt en waar het uiteindelijke resultaat een mix is van meerdere ideeën. We moeten een cocktail maken die iedereen lust, maar die toch blijft plakken.'
Mark merkt op dat er uiteindelijk toch één iemand de teugels moet vasthouden. 'Een bedrijf is geen democratie. Er komt altijd een moment waarop je knopen moet doorhakken en de uiteindelijke beslissing ligt meestal bij één persoon. Als mensen dan voelen dat ze mee aan die oplossing hebben gewerkt en er oprecht naar hen werd geluisterd, heb je je doel bereikt.'

In de buurt van

DE SPORTIEFSTE BADPLAATS

Westende heeft al lang de naam een sportieve badplaats te zijn en dat is vandaag nog altijd zo. Elk jaar vinden in de buurt een paar grote sportevenementen plaats. De **Noordzee Cyclocross** in december lokt grote namen uit het veldrijden, zoals Sven Nys en Sven Vanthourenhout. De **KBC 3-daagse De Panne - Koksijde** is ongetwijfeld het belangrijkste sportgebeuren uit de regio. Deze lenteklassieker in maart brengt heel wat grote namen uit het wielercircuit naar de kust. Eind juni kunnen paardenliefhebbers hun hart ophalen tijdens de **PMR Beach Jumping Westende**, een driedaagse nationale jumping met een uitgebreid animatieprogramma. Wat dacht je van horseballwedstrijden of een echte jackrussellrace? De garnaalvissers te paard aan de waterlijn ontbreken natuurlijk ook niet.

Wie liever zelf sport kan terecht in een van de drie sporthallen in Middelkerke. Hier ligt ook de enige golfclub van de westkust en kun je je uitleven in sportpark De Krokodiel op de basketbalvelden, het hindernissenparcours, de touwenpiste, de aquapiste, de Finse looppiste, de skateramp of het mountainbikeparcours.

> Westgolf, Pietestraat, 8434 Westende

> Sportpark De Krokodiel, Duinenweg 437, 8430 Middelkerke

In de zomer zorgen sportanimatoren (meestal gratis) voor sportieve inspanningen op het strand in het kader van **'Sport aan Zee'**. Joggen, fitheidsgym, beachvolley, rafting, golfing, beachvoetbal of spel: jong en oud kunnen kiezen wat ze het fijnste vinden. Op regenachtige dagen staan de animatoren paraat in sporthal De Branding voor boogschieten, volleybal, basketbal, tafeltennis en badminton.

Natuurlijk zijn er ook de talloze **fietsroutes** die je door het polderlandschap voeren. In de toerismekantoren van Middelkerke en Westende vind je duidelijke kaartjes voor de Godelieveroute, de Westhoekroute, de Schoorbakkeroute, het Landbouwleerpad, de Spermalieroute, de Tempelhofroute en de Vaartroute. Via het Fietsnetwerk Westhoek Noord-Zuid stippel je zelf een route uit. Op de volgende pagina's vind je de Freddy Maertensroute - fietsheld uit de streek!

Het Hotel

De Freddy Maertensfietsroute

Freddy Maertens fietste een onwaarschijnlijk parcours bij elkaar. Twee wereldtitels, een Belgische driekleur, drie keer de groene trui in de Tour, eindwinnaar van de Vuelta, negen klassieke overwinningen en 102 etappezeges in diverse rittenwedstrijden. De naar hem genoemde fietsroute voert langs delen van het trainingsparcours dat de kampioen in zijn hoogdagen elke dag aflegde.

Start van de route: infokantoor bij de Sint-Theresiakapel langs de Badenlaan in Westende-Bad. > Lengte: 42 km

Start langs de smalle Graaf Janstraat, die wat verder overgaat in de Duinenweg. Je fietst voorbij het bekende vakantiepark Jonkershof en ziet even verder de watertoren van Middelkerke. Daar sla je rechts af, de Koussestraat in. Kijk uit bij het kruisen van de Westendelaan. Vanaf hier fiets je ongehinderd door de polders.

Als West-Vlamingen het over 'Het Blote' hebben, bedoelen ze het polderlandschap dat daar, helemaal in het westen, tegen de zee en de Franse grens aanleunt. Bloot, omdat er alleen uitgestrekte weiden en piepkleine dorpjes zijn en omdat de vergezichten er nog niet aangetast zijn door lintbebouwing. Hier wonen weinig mensen, met als voordeel dat ook het autoverkeer erg rustig is. Alleen de wind waait er wat harder dan in het binnenland...

Aan de T-kruising draai je rechts de Loviestraat in. Een kilometer verder draai je links in de Wateringstraat. Je komt bij de Vaartdijk-Noord en volgt een traject in rechte lijn langs het

N
W
O
Z
MIDDELKERKE
Middelkerke -Bad
Westende Bad
START
Westende
Lombardsijde
NIEUWPOORT
St-Joris
Ramskapelle
Wilskerke
Slijpe
Mannekensvere
Schore
AFRIT 3
SORTIE 3
AFRIT 4
SORTIE 4
E40 - A18
N355
Duinenweg
Kousestraat
Westendelaan
Lovieweg
Oostsraat
Wateringstr.
Vaartdijk-Noord
Vaartdijk-Zuid
Spermaliestr.
Schuddebeurzeweg
Hofstr.
Langestraat
Zeelaan
Lombardsijdelaan
Hoogstraat
Pietestraat
Strandjuttersdreef
Bassevillestraat
Doornstraat
Nieuwpoortlaan
Tempelhofstr.
Rattevallestr.
Ten Doelenstraat
Ten Doelestr.
Monnikenstr.
Monnikenstraat
Zwarte Weg
Leeuwenhofstraat
Diksmuidestraat
Gistelstr.
Reigersvliet
Vladslovaart
IJzer
Kanaal Nieuwpoort-Plassendale
Kreek van Nieuwendamme
Nieuw Bedelf
Veurne Ambacht
Noordvaart
Spaarbekken
Groot Middelkerkeleed
Grainingatevliet
Albertusgeleed
Puyde brouckgeleed
De Kalkaert
1
2
3
4
5

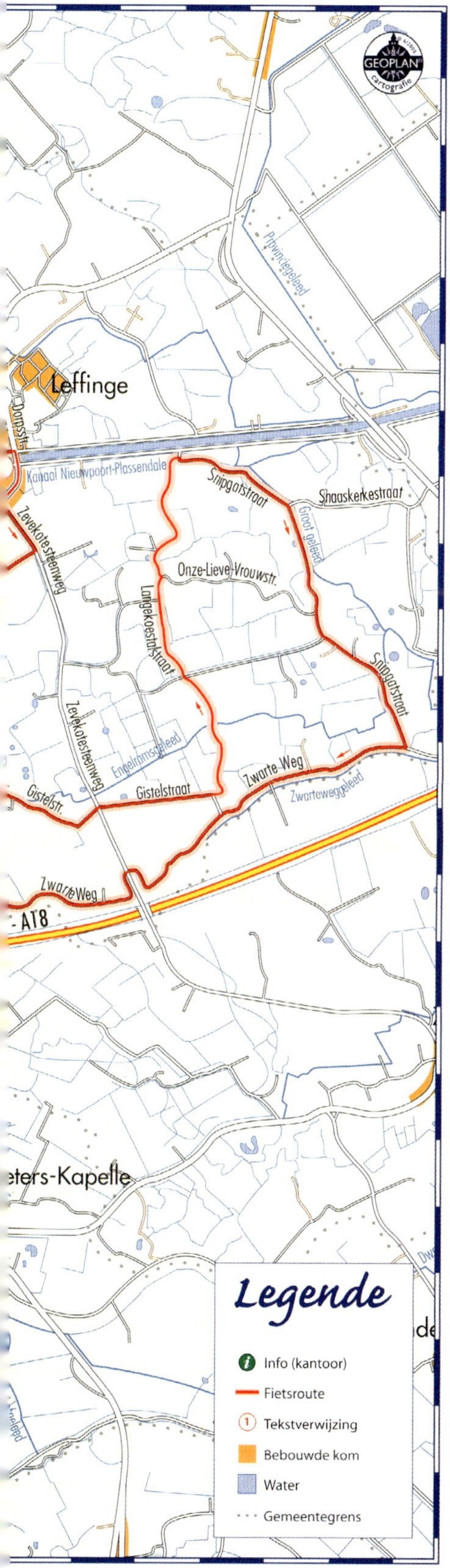

kanaal Plassendale-Nieuwpoort gedurende een kleine vijf kilometer.

Langs deze weg trainde Freddy Maertens achter de brommer met zijn vaste gangmaker Louis Bouve. Samen met ploegmaat Michel Pollentier reed hij eerst een tocht van ongeveer honderd kilometer. Tegen de middag stond echtgenote Carine in Nieuwpoort aan het monument van koning Albert klaar met de bevoorrading. Dan vlamden ze nog eens 160 kilometer achter de brommer aan.

Aan de Leffingebrug rijd je naar rechts. Je kruist de Vaartdijk-Zuid en kiest, voorbij sporthal 'De Barloke', de eerste straat links. Je rijdt nu richting Zevekote op de Zevekotesteenweg. Na een tijdje draai je rechts de kronkelende Cuyleweg in tot je de kerktoren van het polderdorpje Slijpe ziet. Daar draai je links de Gistelstraat in.

Het witte torentje in de verte is van de Sint-Godelieveabdij of Abdij Ten Putte in Gistel.

Als je aan het einde van de Gistelstraat links volgt, kom je in de Langekoestalstraat. Aan het kruispunt rijd je rechtdoor, tot je weer vlak bij het kanaal van Plassendale bent, waar je rechts de Snippestraat neemt.

In dit vlakke landschap overheerst het groen, ook de dominante kleur in de Tourcarrière van Maertens. In zijn drie deelnames aan de Tour werd hij drie keer eindwinnaar van het puntenklassement. Hij won bovendien maar liefst vijftien etappes en gold als de snelste spurter van zijn generatie.

Aan de T-kruising fiets je vanuit de Spingatstraat naar rechts en volg je de Zwarteweg gedurende bijna tien kilometer. Let op als je beneden, onder een brug, de Diksmuidestraat (N352) moet kruisen. Je volgt de Zwarteweg verder richting Mannekesvere. Aan het dorpspleintje neem je rechts de Rattevallestraat.

Als je langs een schilderachtig vaartje fietst, zul je recht voor je een mooie, witte fermette zien waar in de jaren zeventig de befaamde dichter Paul Snoek woonde. Links zie je de restanten van het fort van Nieuwendamme. Voor de oorsprong moeten we terug naar de 16de eeuw en de komst van de hertog van Alva. De havensteden Duinkerke, Nieuwpoort en Oostende waren belangrijke knooppunten voor de bevoorrading van de Spaanse bezetter. Daarom legden de kasselrijen Veurne en Ieper langs de kustlijn, de IJzer en de Ieperlee een verdedigingslinie aan, waarvan als eerste in een rij kleine, vierhoekige sperforten in 1584 het fort van Nieuwendamme verrees.

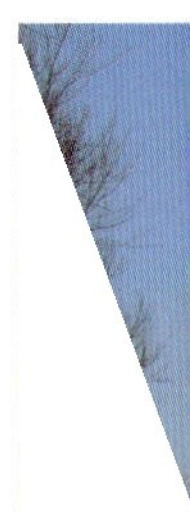

Via de Rattevalle en de kleine draaibrug bereik je de overkant van het kanaal Nieuwpoort-Plassendale. Daar rijd je rechtdoor, de Loviestraat in tot aan het eerstvolgende kruispunt. Je draait er links de Ooststraat in en meteen weer links, de Schuddebeurzeweg.

Je fietst nu tussen de uitgestrekte weilanden van Lombardsijde. De bunkers die je in het landschap verspreid ziet staan, komen uit de Tweede Wereldoorlog. Hier was een afweerbatterij gevestigd op de vliegroute naar het Ruhrgebied.

Links zie je een imposante boerderij, De Grote Bamburg. Het is een van de abdijhoeven die de herinnering aan de abdijen en orden als de Tempeliers levend houden. Zij wonnen dit vlakke land terug op de zee en bewerkten het als eersten.

De Bamburgstraat brengt je in het dorpscentrum van Lombardsijde.

Het heiligenbeeld 'Onze-Lieve-Vrouw van Lombardsijde' in de kerk werd door vissers in hun netten aangetroffen. Mensen bezochten haar om van rampspoed gespaard te blijven. Vlakbij ligt het ouderlijk huis van Freddy Maertens. De dagbladhandel op de Nieuwpoortlaan van vader Gilbert werd overgenomen door Luc, een van de drie broers van de renner. Op het pleintje voor het huis staat een borstbeeld van de wielerkampioen van de hand van de Oostendse kunstenares Josiane Vanhoutte.
Kruis de Nieuwpoortlaan en rijd rechtdoor, de Schoolstraat in. Aan het volgende kruispunt sla je rechts de Hoogstraat in en vervolg je links op de Zeelaan.

Voor je ligt het militaire kamp van Lombardsijde, waar Freddy Maertens in 1971 zijn dienstplicht vervulde.

Aan de Westgolf draait de route naar rechts.

Langs de Pietestraat ligt het duinengebied waar Maertens in de wintermaanden met zijn ploegmaat Michel Pollentier kwam trainen. Ze controleerden de waterstanden in de krant en stippelden dan nauwkeurig een parcours uit dat deels door de duinen liep.

Via de Strandjuttersdreef, de Olmen-, Basseville- en Doornstraat rijd je richting Westende-Dorp. Je dwarst de Essex Scottishlaan en komt in de Duinenlaan. Je blijft in de Duinenlaan tot je weer bij het bureau van toerisme bent.

www.lannoo.com

Registreer u op onze website en we sturen u regelmatig een nieuwsbrief
met informatie over nieuwe boeken en met interessante, exclusieve aanbiedingen.

Tekst: Hilde Smeesters
Fotografie: Westende: Toerisme Middelkerke
Hotel Amigo, Viki Geunes, recepten: Heikki Verdurme
Actiebeelden *Het Hotel*: VT4
Pagina 19: Tjorven Boucher
Pagina 102 boven: Capsulehotel, Den Haag
Pagina 102 onder: Dromen aan zee, Harlingen
Pagina 103: Rinnie Bleeker
Pagina 104 links: Yunak
Pagina 104 rechts: Iglu Dorf
Pagina 105: Dog Bark Park
Grafische vormgeving: Keppie & Keppie

Dit boek is tot stand gekomen in samenwerking met Toerisme Middelkerke.

Als u opmerkingen of vragen heeft, dan kunt u contact nemen met onze redactie:
redactielifestyle@lannoo.com

D/2009/45/171 - NUR 450
ISBN: 978 90 209 8381 4
Printed in Italy

Mixed Sources
Productgroep uit goed beheerde bossen en andere gecontroleerde bronnen.
FSC www.fsc.org Cert no. CQ-COC-000012
© 1996 Forest Stewardship Council

Het papier in dit product komt uit verantwoord beheerde bossen,
onafhankelijk gecertificeerd volgens de regels van de Forest Stewardship Council.